Mira Fischer

Materialien und Kopiervorlagen
zur Klassenlektüre

Charles Dickens

Eine Weihnachts-geschichte

Neu erzählt von Manfred Mai

Hase und Igel®

Inhalt

MIX Papier FSC® C130643
klimaneutral gedruckt www.klima-druck.de ID-Nr. 22125753 bvdm.

www.hase-und-igel.de
Lektorat: Anna Schultes
Satz: Appel Grafik München GmbH
Illustrationen: Petra Dorkenwald
Druck: Joh. Walch GmbH & Co. KG, Augsburg

ISBN 978-3-86316-178-1
2. Auflage 2022

Das Buch

Charles Dickens' „A Christmas Carol", auf Deutsch „Eine Weihnachtsgeschichte", von 1843 erfreut sich auch heute noch großer Beliebtheit bei allen Altersgruppen. Dank ihres märchenhaften Charakters und der inneren Wandlung der Hauptfigur Ebenezer Scrooge – vom gefühllosen Geizhals zum warmherzigen Menschenfreund – gilt sie als Weihnachtserzählung schlechthin. Vor allem Kinder im Grundschulalter zieht die Geistergeschichte durch ihre gruseligen Elemente und die klare Zuordnung von Gut und Böse in ihren Bann. Manfred Mai hat den Klassiker für diese Schulausgabe so gekürzt und bearbeitet, dass schon Zweit- und Drittklässler den Text selbst lesen können. Dennoch klingen der Ton und der feierliche Sprachduktus des Originals durch und die Kinder erleben den „Geist der Weihnacht", den die Erzählung versprüht.

Ebenezer Scrooge ist ein habgieriger und hartherziger Geschäftsmann. Dem Fest der Nächstenliebe kann er gar nichts abgewinnen und so verbringt er den Heiligen Abend allein zu Hause. Doch dann widerfahren ihm wundersame Dinge: Als Erstes tritt der Geist seines verstorbenen Partners Jacob Marley in Erscheinung, um Scrooge zur Umkehr zu ermahnen. Nacheinander wird Scrooge von drei weiteren Geistern heimgesucht: dem „Geist der vergangenen Weihnachten", dem „Geist der diesjährigen Weihnacht" und dem „Geist der zukünftigen Weihnacht". Die Geister zeigen Scrooge Weihnachtsfeste zu verschiedenen Zeiten und an unterschiedlichen Orten. So führen sie ihm vor Augen, was im Leben wirklich zählt und welches düstere Schicksal dem Geschäftsmann droht, wenn er sein Verhalten nicht grundsätzlich ändert. Scrooge nimmt sich die Botschaft der Geister zu Herzen und lernt am Ende den wahren Reichtum zu schätzen, der dem Mitgefühl, der Nächstenliebe und der Güte innewohnt.

„Eine Weihnachtsgeschichte" entführt die jungen Leser nicht nur in eine fremde Welt – das London des 19. Jahrhunderts und das Geisterreich –, sie bietet darüber hinaus viel Identifikationspotenzial für die Schüler. Obgleich der Protagonist Scrooge ein alter Mann ist, können die Kinder in ihm eigene egoistische Charakterzüge wiedererkennen und sich damit auseinandersetzen. Die Illustrationen von Petra Dorkenwald veranschaulichen die Transformation der Hauptfigur und unterstreichen die märchenhafte und gespenstische Stimmung.

Das Material

Das Unterrichtsmaterial gliedert sich in einen didaktischen Teil für Lehrer und in daran anschließende Kopiervorlagen für die Schülerhand. Im Lehrerteil finden Sie kurze Inhaltsangaben zu den sechs Kapiteln, Gesprächs- und Schreibanlässe sowie Hinweise zum Einsatz der Kopiervorlagen, Lösungen und weiterführende Anregungen. Die Abschnitte „Vor der Lektüre" und „Nach der Lektüre" bieten Vorschläge zur Einstimmung auf die Unterrichtseinheit und zur nachbereitenden Auseinandersetzung mit der Geschichte.

Die Kopiervorlagen (ab Seite 18) überprüfen nicht nur das Textverständnis, sondern rücken vor allem den Protagonisten Scrooge und sein Verhältnis zu den übrigen Figuren in den Mittelpunkt. Die Schüler reflektieren das Verhalten von Scrooge und seine Weltanschauung kritisch und setzen sie mit ihren eigenen Erfahrungen und Werten in Beziehung.

Einen zweiten Schwerpunkt bildet die für Grundschüler faszinierende Geisterwelt. Die Kinder füllen Steckbriefe zu den drei Geistern aus und schreiben selbst eine Gruselgeschichte. Auch die Aufgaben, einen Tagebucheintrag und eine Todesanzeige zu verfassen, regen zum kreativen Schreiben an.

Mit kurzen, altersgerechten Sachtexten (zu den Autoren, dem Armenhaus und der Börse) erweitern die Schüler ihr Wissen und trainieren das sinnverstehende Lesen. Darüber hinaus lassen sich anhand der Lektüre Themen der Spracharbeit aufgreifen, z. B. Wortarten, W-Fragen, altertümliche Begriffe, Redewendungen und Synonyme. Nicht zuletzt erhalten die Kinder die Gelegenheit, einen Adventskranz zu binden und ein Theaterstück zur Geschichte einzustudieren.

Die Symbole in der Kopfleiste jeder Kopiervorlage machen auf einen Blick deutlich, welche Arbeitstechniken hier vorrangig gefordert sind:

Viel Freude beim Eintauchen in die märchenhafte Geisterwelt der Lektüre und bei der Arbeit mit dem Material wünscht Ihnen und Ihrer Klasse

Mira Fischer

Vor der Lektüre

Hinweise zur Kopiervorlage

KV Seite 18

Zwei Geschichtenerfinder

„Eine Weihnachtsgeschichte“ ist eines der bekanntesten Bücher des englischen Schriftstellers Charles Dickens. Der Kinderbuchautor Manfred Mai hat es für diese Schulausgabe neu erzählt. Auf dem Arbeitsblatt machen sich die Schüler mit dem Leben und dem Werk beider Autoren vertraut, indem sie sich mit Fotos und einem kurzen Text mit biografischen Informationen befassen. Dadurch wird einerseits ihr Interesse für die Zeit, zu der Charles Dickens lebte, und sein Herkunftsland geweckt. Andererseits werden die Kinder angeregt, sich mit verschiedenen Berufsbildern und der Tätigkeit eines Schriftstellers damals und heute auseinanderzusetzen.

Lösung

Aufgabe 1:

Die Fotos liefern Hinweise auf die berufliche Tätigkeit der Männer: Charles Dickens sitzt mit einem Stift in der Hand am Schreibtisch und Manfred Mai liest Kindern aus einem Buch vor. Die Ausstattung der Räume, die Kleidung und das Aussehen der Personen lassen Rückschlüsse auf die Zeit zu, in der die Aufnahmen entstanden sind. Auf der Tafel hinter Manfred Mai ist der Schriftzug „Herzlich Willkommen!“ zu erkennen, daher kann man vermuten, dass der Mann aus Deutschland stammt.

Aufgabe 2:

Informationen zu Charles Dickens: unterstrichen
Informationen zu Manfred Mai: *kursiv*
Titel der Lektüre: gestrichelt unterstrichen
Charles (sprich: Tscharls) Dickens ist ein berühmter englischer Schriftsteller. Er lebte von 1812 bis 1870. Charles Dickens hat Romane auf Englisch geschrieben, zum Beispiel „David Copperfield“ und „Oliver Twist“. Seine Bücher wurden in viele Sprachen übersetzt und auch verfilmt. „A Christmas Carol“, auf Deutsch „Eine Weihnachtsgeschichte“, gehört zu seinen bekanntesten Werken. Manfred Mai wurde *1949* in *Baden-Württemberg* geboren. Bevor er die Welt der Literatur entdeckte und *Schriftsteller* wurde, arbeitete er in verschiedenen Berufen, zum Beispiel als Maler und in einer Fabrik. Inzwischen hat er etwa 150 Bücher verfasst, eines davon liest du gerade. Für dich und deine Mitschüler hat Manfred Mai „Eine Weihnachtsgeschichte“ von Charles Dickens neu aufgeschrieben.

1. Kapitel: **Ebenezer Scrooge**

Inhalt

Im 1. Kapitel lernen die Leser den Protagonisten Ebenezer Scrooge anhand mehrerer Interaktionen mit seinen Mitmenschen kennen. Es ist Heiligabend und der Geschäftsmann Scrooge sitzt im Büro und arbeitet. Sein Neffe Fred kommt dort vorbei, um ihn zum Weihnachtsessen einzuladen. Doch Scrooge lehnt die Einladung ab und behauptet, Weihnachten sei dummes Zeug. Als Fred gerade geht, treten zwei Herren ein, die Scrooge um eine Weihnachtsspende für bedürftige Menschen bitten. Wieder reagiert Scrooge ungehalten und weigert sich, Geld zu geben. Bevor Scrooge Feierabend macht, äußert er gegenüber seinem Schreiber Bob Cratchit seinen Ärger darüber, ihm Lohn für den Feiertag (1. Weihnachtstag) zu zahlen, und verlangt von ihm, dafür am Tag danach (2. Weihnachtstag) umso früher zur Arbeit zu kommen.

Gesprächs- und Schreibanlässe

Scrooge sitzt am Heiligen Abend im Büro.
- Was macht er dort?
- Weshalb ist das ungewöhnlich?
- Warum verhält sich Scrooge so?
- Welche Menschen müssen an Weihnachten arbeiten?

Fred lädt seinen Onkel Scrooge zum Weihnachtsessen ein.
- Wie reagiert er auf die Einladung?
- Was hält Scrooge von Weihnachten?
- Welche Antwort hättest du Fred gegeben?

Zwei gut gekleidete Herren besuchen Scrooge in seinem Büro.
- Worum bitten sie ihn?
- Was erwidert Scrooge darauf?
- Warum hilft man in der Weihnachtszeit armen Menschen besonders?
- Hast du schon einmal etwas gespendet (zum Beispiel alte Kleidung)? Womit könntest du armen Kindern zu Weihnachten eine Freude machen?

Kurz vor Feierabend spricht Scrooge mit seinem Schreiber Bob Cratchit.
- Worum geht es in dem Gespräch?
- Wie verabschiedet sich Scrooge?
- Was würdest du an Scrooges Stelle zum Abschied zu Bob Cratchit sagen?

Hinweise zu den Kopiervorlagen

KV Seite 19

Wer ist Ebenezer Scrooge?

Schon in den ersten sechs Sätzen der Geschichte können sich die Schüler anhand der eindrücklichen Beschreibung von Scrooges Aussehen ein Bild von seinem Wesen machen. Die Kinder lesen den Textabschnitt aufmerksam und unterstreichen alle Adjektive. Anschließend sind sie in der Lage, die Fragen zu Scrooges Wohnort, seinem Beruf und seinem Charakter zu beantworten und eine farbige Zeichnung von ihm anzufertigen.

Lösung

Aufgabe 1:

Diese Geschichte erzählt von Ebenezer Scrooge, einem habgierigen, geizigen Leuteschinder, wie man nicht leicht einen zweiten findet. Er dachte nur an seinen Vorteil und kannte kein Mitleid für andere Menschen. Sein kaltes Herz machte seine Gesichtszüge starr, seine spitze Nase noch spitzer, seinen Gang steif, seine Augen rot, seine dünnen Lippen blau, seine Stimme hart und knarrend. Er verbreitete seine innere Kälte auch um sich herum. Die Menschen in seiner Nähe fröstelten, selbst wenn es warm war. Dieser hartherzige alte Mann lebte in London und leitete dort ein Geschäft.

Aufgabe 2:

1. ein alter Mann
2. in London
3. Geschäftsleiter
4. habgierig, geizig, kalt, hartherzig

Weiterführende Anregungen

- Besprechen Sie anhand der zweiten Aufgabe, was W-Fragen sind und welche W-Fragewörter es gibt (z.B. wer, wo, was, wie, wann, warum, woher). Die Schüler überlegen sich, was sie noch über Ebenezer Scrooge erfahren möchten, und schreiben W-Fragen auf.
- Analog zu dem Satz „Sein kaltes Herz machte seine spitze Nase noch spitzer." bilden die Kinder eigene Sätze mit Adjektiven aus dem Text der Kopiervorlage. Auf diese Weise üben und festigen sie nicht nur die erste Steigerungsform (Komparativ), sondern prägen sich auch die Eigenschaften der Hauptfigur besser ein. Folgende Sätze könnten die Schüler schreiben: Sein kaltes Herz machte seine starren Gesichtszüge noch starrer. Sein kaltes Herz machte seinen steifen Gang noch steifer. Sein kaltes Herz machte seine harte und knarrende Stimme noch härter und knarrender.
- Klären Sie gemeinsam, wie man die zweite Steigerungsform (Superlativ) von Adjektiven bildet. Danach verwenden die Kinder diese Form in eigenen Sätzen, die zum Inhalt des Textabschnitts auf dem Arbeitsblatt passen.
- Nach dem Vorbild der Beschreibung von Ebenezer Scrooge charakterisieren die Schüler jemanden aus ihrem Umfeld. Ermutigen Sie sie, viele bildhafte Adjektive zu verwenden, die nicht nur das Aussehen der Person beschreiben, sondern auch etwas über ihr Wesen verraten.

KV Seite 20

Der Geist von Weihnachten

Auf diesem Arbeitsblatt beschäftigen sich die Kinder mit den unterschiedlichen Ansichten der Figuren über Weihnachten und mit Scrooges Verleugnung dieses Festes und der Werte, für die es steht. Abschließend erhalten sie die Möglichkeit, ihre eigenen Gedanken und Gefühle, die sie mit Weihnachten verbinden, zum Ausdruck zu bringen.

Lösung

Aufgabe 1:

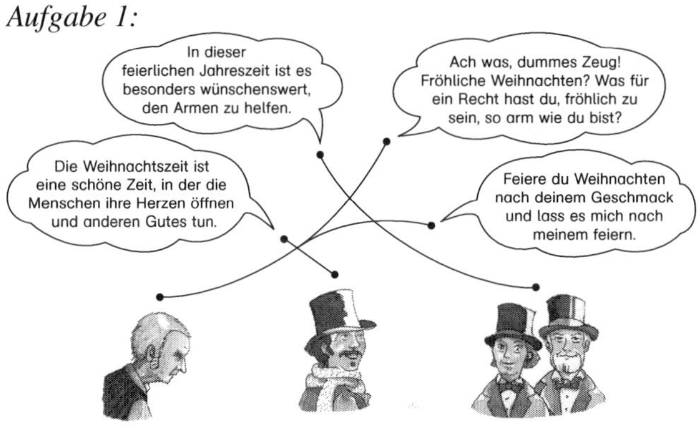

Aufgabe 2:

Ebenezer Scrooge feiert Weihnachten nicht.

Aufgabe 3:

individuelle Lösung

Weiterführende Anregungen

- Sprechen Sie darüber, warum Ebenezer Scrooge wohl Weihnachten nicht feiert. Hier kann anhand der Zitate der anderen Figuren (Fred, die beiden Herren) die Sprache auf „den Geist von Weihnachten" kommen, also die Werte, die das Fest in den Mittelpunkt rückt, wie Nächstenliebe und Mitgefühl. Diese Grundsätze passen nicht in Scrooges Weltbild, weshalb er sie und das ganze Weihnachtsfest als „dummes Zeug" abtut.
- Thematisieren Sie, dass Weihnachten ein Fest der Christen ist und es in Deutschland und überall auf der Welt Menschen gibt, die Weihnachten nicht feiern, dafür aber andere Feste. Falls in Ihrer Klasse Kinder sind, die unterschiedlichen Religionsgemeinschaften angehören, lassen Sie sie von ihren Festen erzählen.

KV Seite 21

Ein sprechender Name
Während das Blatt „Wer ist Ebenezer Scrooge?“ (Seite 19) die wechselseitige Beziehung zwischen dem Aussehen und dem Charakter des Protagonisten aufgreift, befassen sich die Schüler auf diesem Arbeitsblatt mit dem Zusammenhang zwischen seinem Nachnamen und einer seiner Haupteigenschaften: dem Geiz. Zunächst beantworten die Kinder Multiple-Choice-Fragen, um anschließend durch genaue Textarbeit einige Beispiele für Scrooges geiziges Verhalten zu sammeln.

Lösung
Aufgabe 1:
1. Geizhals.
2. Dagobert Duck.
3. Seinen Reichtum.

Aufgabe 2:
Im Ofen von Scrooges Büro brennt nur ein kleines Feuer.
Scrooge möchte nichts für arme Menschen spenden.
Er ärgert sich darüber, seinem Angestellten Bob Cratchit auch für einen freien Tag Lohn zu zahlen.
Scrooge bestellt ein billiges Gericht im Gasthaus.
Er liest die Zeitungen im Gasthaus, weil er selbst kein Geld dafür ausgeben möchte.
Um Heizmaterial und Kerzenlicht im Büro und zu Hause zu sparen, erledigt Scrooge Arbeit im Gasthaus.

Weiterführende Anregungen
- Fragen Sie die Schüler nach der gegenteiligen Eigenschaft von Geiz. Die Kinder nennen Beispiele für besonders großzügige Menschen aus Geschichten und Büchern (z. B. Sankt Martin und das arme Waisenmädchen aus dem Märchen „Die Sterntaler“) oder aus ihrem eigenen Bekanntenkreis.
- Während Geiz eher keine wünschenswerte Eigenschaft darstellt, kann Sparsamkeit oder Verzicht an der richtigen Stelle und im rechten Maße durchaus angebracht sein. Sprechen Sie mit den Schülern darüber, wann es sinnvoll ist, sparsam zu sein (z. B. im Hinblick auf den Wasser- und Energieverbrauch oder übermäßigen Konsum).

KV Seite 22

Was ist ein Armenhaus?
Der Begriff des Armenhauses, den Scrooge gegen Ende des 1. Kapitels (Seite 12) erwähnt, wird den meisten Schülern unbekannt sein und bietet eine Gelegenheit für einen kleinen historischen Exkurs. Durch einen kurzen Sachtext erfahren die Kinder, was ein Armenhaus ist. Mithilfe der zweiten Aufgabe überprüfen sie nicht nur ihr Leseverstehen, sondern üben zusätzlich das Bilden von W-Fragen.

Lösung
Aufgabe 2:
z. B. 2. Wo gab es Armenhäuser? / Wer wurde im Armenhaus aufgenommen?
3. Wie wurden die Armenhäuser finanziert? / Woher kam das Geld für die Armenhäuser?
4. Wie benutzt man den Begriff „Armenhaus“ heute? / Was meint man heute, wenn man von „Armenhaus“ spricht?

Weiterführende Anregung
Die Schüler tauschen das Arbeitsblatt mit dem Sitznachbarn und beantworten dessen Fragen im Heft. Abschließend unterhalten sie sich im Partnergespräch über ihre Ergebnisse.

2. Kapitel: **Jacob Marleys Warnung**

Inhalt

Im 2. Kapitel bekommt Ebenezer Scrooge an Heiligabend zu Hause unheimlichen Besuch. Kurz vor dem Schlafengehen taucht sein verstorbener Geschäftspartner Jacob Marley als Geist bei ihm im Wohnzimmer auf. Er ist mit einer schweren Kette gefesselt und hat eine wichtige Botschaft für seinen alten Freund: Wenn Scrooge sich nicht ändert, wird er das gleiche Schicksal wie er erleiden. Bevor Marley wieder verschwindet, kündigt er noch an, dass Scrooge in den folgenden Nächten Besuch von drei Geistern erhalten wird.

Gesprächs- und Schreibanlässe

Als Scrooge die Haustür aufschließt, nimmt er ungewöhnliche Dinge wahr.
- Was sieht und hört Scrooge?
- Welche Wirkung haben die Erscheinungen und Geräusche auf ihn?
- Warst du schon einmal allein zu Hause? Wie hast du dich da gefühlt?

Scrooge murmelt: „Ich glaube nicht an solche Gruselgeschichten.“ (Seite 17)
- Was meint Scrooge damit?
- Wer betritt anschließend das Zimmer?
- Glaubst du an Geister und Gespenster? Warum (nicht)?

Scrooge sagt zu Marley: „Du warst doch immer ein guter Geschäftsmann.“ (Seite 20)

- Was zeichnet einen guten Geschäftsmann aus?
- Worauf hat Marley in seinem Leben nicht geachtet?
- Worunter leidet er jetzt als Geist?
- Worin sind sich Marley und Scrooge ähnlich?

Hinweise zu den Kopiervorlagen

KV Seite 23

Unheimliche Dinge geschehen

Dieses Arbeitsblatt dient der Überprüfung des Textverständnisses. In der ersten Aufgabe bringen die Schüler die Ereignisse, die dem Auftritt von Jacob Marley vorausgehen, in die richtige Reihenfolge. Das Lösungswort ermöglicht die Selbstkontrolle.

In der zweiten Aufgabe ergänzen die Kinder die Beschreibung des Geistes von Jacob Marley und beweisen dadurch, dass sie genau gelesen haben.

Lösung

Aufgabe 1:

4. Sie schwingt stärker und beginnt zu läuten. (P)
6. Plötzlich verstummen alle Glocken gleichzeitig. (N)
2. Scrooge erkennt im Licht des Türklopfers das Gesicht von Jacob Marley. (E)
8. Das Rasseln und Poltern kommt die Treppe herauf und wird immer lauter. (T)
1. Der große Türklopfer leuchtet. (G)
5. Alle Glocken im Haus beginnen zu läuten. (E)
7. Von unten ertönt ein Rasseln. (S)
3. Die Glocke im Wohnzimmer bewegt sich. (S)

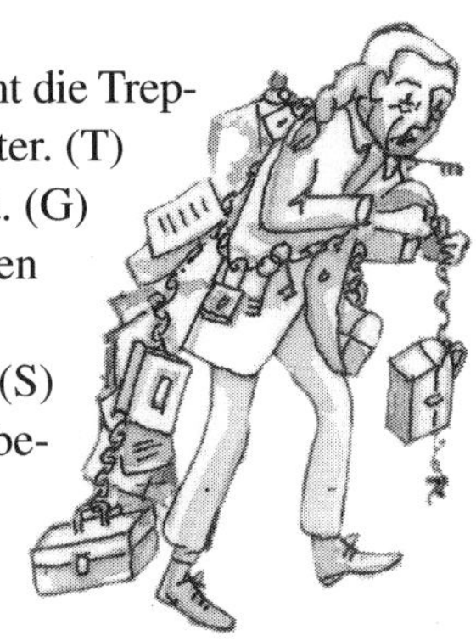

Lösungswort: GESPENST

Aufgabe 2:

Die Gestalt hatte Marleys Gesicht und seinen Zopf. Eine Kette war um ihren Leib geschlungen und schleifte hinter ihr über den Boden. An der Kette hingen Geldkassetten, Schlösser und Schlüssel, Verträge und schwere Geldbörsen aus Stahl.

Weiterführende Anregung

Der Anfang des 2. Kapitels eignet sich gut für die Umsetzung als Klanggeschichte. Die Sätze aus Aufgabe 1 dienen in der richtigen Reihenfolge als Regieanweisung, die ein Kind mit langsamer und geheimnisvoller Stimme vorträgt. Andere Schüler erzeugen mithilfe von Glocken, Rasseln und Schellentrommeln die passenden Geräusche. Nach einigen Probedurchläufen können Sie die Klanggeschichte als kurzes Hörspiel aufnehmen.

KV Seite 24

Meine Gruselgeschichte

Mit der Kopiervorlage „Unheimliche Dinge geschehen“ (Seite 23) haben sich die Schüler vor Augen geführt, wie zu Beginn des 2. Kapitels durch verschiedene übernatürliche Erscheinungen und Geräusche langsam Spannung aufgebaut und ein Gruselgefühl hervorgerufen wird. Anhand dieses Textbeispiels können sie nun leichter beurteilen, welche Kennzeichen eine Gruselgeschichte aufweisen und wie sie nicht sein sollte. Falls dennoch Unsicherheiten auftreten, klären Sie im Unterrichtsgespräch, dass eine Gruselgeschichte durchaus fantastische und humorvolle Elemente enthalten darf – Hauptsache, sie ist nicht langweilig. Ihre eigene Einschätzung sowie weitere Hinweise zu Aufbau, Figuren, Handlungsort, Handlungszeit und Atmosphäre versetzen die Kinder in die Lage, selbst eine Gruselgeschichte zu verfassen. Dabei können sie auch mit einem Partner zusammenarbeiten.

Lösung

Aufgabe 1:

Durch verschiedene unheimliche Ereignisse entsteht langsam Spannung.

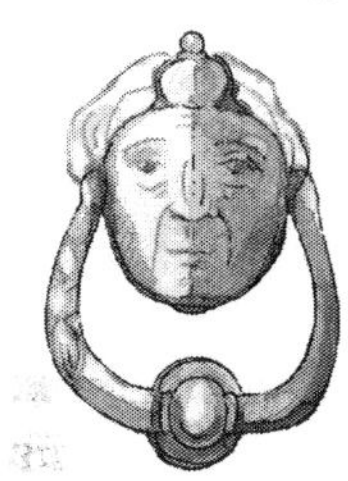

Aufgabe 2:

~~langweilig~~, ~~vorhersehbar~~, ~~harmlos~~

Aufgabe 3:

individuelle Lösung

Weiterführende Anregungen

- Die Schüler schreiben ihre Geschichte in Schönschrift auf ein Blatt Papier ab. Binden Sie die Gruselgeschichten zu einem Sammelband.
- Veranstalten Sie einen Gruselgeschichten-Abend oder -Nachmittag, bei dem die Kinder ihre Texte vorlesen. Sorgen Sie durch Kerzenschein und leise unheimliche Musik für eine gespenstische Atmosphäre.

KV Seite 25

Die Warnung

Zunächst vollziehen die Schüler Marleys Botschaft an Scrooge im Detail nach und üben die Verwendung der Zeichen der wörtlichen Rede. In der zweiten Aufgabe setzen sie sich vertieft mit einer zentralen Aussage des Geistes auseinander: „Die Menschen hätten mein Geschäft sein sollen.“ (Seite 20) Im Partnergespräch diskutieren sie, was Marley mit dieser Aussage meint, und notieren ihre Antwort.

Lösung
Aufgabe 1:
Marleys Erklärung für seine Fesseln: „Das ist die Strafe für meinen Geiz und meine schlechten Taten zu Lebzeiten."
Marleys Warnung: „Hör mir gut zu, Ebenezer Scrooge, meine Zeit ist fast um! Du hast noch die Chance, dich zu ändern und meinem Schicksal zu entgehen."
Marleys Ankündigung: „Erwarte den ersten Geist morgen Nacht, wenn die Glocke eins schlägt. Den zweiten in der nächsten Nacht zur gleichen Zeit. Und den dritten in der darauffolgenden Nacht beim letzten Glockenschlag um zwölf Uhr."

Aufgabe 2:
z. B. Nicht das Geld, sondern die Menschen hätten es verdient, im Zentrum von Marleys Leben zu stehen.

3. Kapitel:
Der erste Geist

Inhalt

Um ein Uhr nachts erscheint, wie von Marley angekündigt, der erste ungebetene Gast und stellt sich als Geist der vergangenen Weihnachten vor. Er nimmt Scrooge mit auf eine Reise in seine Vergangenheit. Scrooge begegnet dabei nicht nur früheren Familienmitgliedern und Freunden wieder, sondern auch sich selbst als Schuljunge, Lehrling und erfolgreichem jungen Geschäftsmann. Während die Treffen mit seiner verstorbenen Schwester und seinem Lehrmeister Mr Fezziwig zärtliche und freudige Gefühle wecken, ist die Erinnerung an die Trennung von seiner Jugendliebe schmerzvoll. Sie wandte sich von ihm ab, weil ihm das Geld wichtiger geworden war als die Beziehung mit ihr.

Gesprächs- und Schreibanlässe

Scrooge möchte dem Geist zuerst nicht folgen.
- Was fürchtet er?
- Wo berührt der Geist Scrooge, um ihm seine Angst zu nehmen?
- Welche Funktion und Bedeutung hat dieses Körperteil?

Der Geist zeigt Scrooge verschiedene Orte und Menschen.
- Welche Verbindung hat Scrooge zu diesen Plätzen und Personen?
- Wie reagiert Scrooge auf die Begegnungen?
- Woran erinnerst du dich besonders gern?
- Was ist deine früheste Erinnerung?

Scrooge möchte auf einmal nach Hause zurückkehren.
- Wem ist Scrooge gerade begegnet?
- Wie fühlt er sich jetzt?
- Woran erinnerst du dich nicht so gern? Wie gehst du mit solchen Erinnerungen um?

Hinweise zu den Kopiervorlagen

KV Seite 26

Der erste Geist
Diese Kopiervorlage ist in dreifacher Ausführung (Seite 26, 30 und 36) – entsprechend der Anzahl der Geister – im Begleitmaterial vorhanden. Im Steckbrief halten die Schüler alle Informationen zu Bezeichnung, Aussehen und Eigenschaften des jeweiligen Geistes fest. Anschließend reflektieren sie Scrooges Reaktion auf das Erscheinen des Geistes und rekapitulieren, was der Besucher Scrooge zeigt. So fassen sie zum einen den Inhalt des Kapitels in Stichworten zusammen und verschaffen sich einen guten Überblick über die Handlung, zum anderen können sie anhand von Scrooges Reaktionen auch seine Wandlung im Verlauf der Geschichte nachvollziehen.

Lösung
Aufgabe 1:
Name: Geist der vergangenen Weihnachten
Aussehen: kindlich, lange weiße Haare
Kleidung: weißes Gewand
Gegenstände: Stechpalmenzweig, Krone
Eigenschaften: sanft, freundlich

Aufgabe 2:
Scrooge reagiert abweisend. Er möchte den Geist nicht begleiten, kann aber seinem Griff nicht widerstehen.

Aufgabe 3:
das Dorf aus Scrooges Kindheit und den jungen Scrooge; seine Schwester; Scrooges Lehrmeister Fezziwig und seinen Jugendfreund Dick Wilkins; Scrooges Jugendliebe

KV Seite 27

Unerwartetes Wiedersehen

Mithilfe der ersten Aufgabe vergegenwärtigen sich die Schüler, wem Scrooge an welchem Ort begegnet, und trainieren zugleich die Verwendung verschiedener Präpositionen. Insbesondere für Kinder mit nicht deutscher Herkunftssprache stellt das eine hilfreiche Übung dar.

Abschließend versetzen sie sich in die Hauptfigur hinein und beschreiben, welche Gedanken und Gefühle die einzelnen Begegnungen bei Scrooge auslösen.

Lösung

Aufgabe 1:

1. Auf dem Weg ins Dorf freut sich Scrooge, seine Bekannten von früher zu sehen.
2. In der Schule erkennt Scrooge sich selbst und seine Schwester.
3. Hinter einem Pult sitzt Scrooges Lehrmeister, der alte Fezziwig.
4. Aus einem Nebenraum kommt sein Jugendfreund Dick Wilkins.
5. Neben dem jungen Geschäftsmann Scrooge sitzt eine schöne Frau.

Aufgabe 2:

z. B.

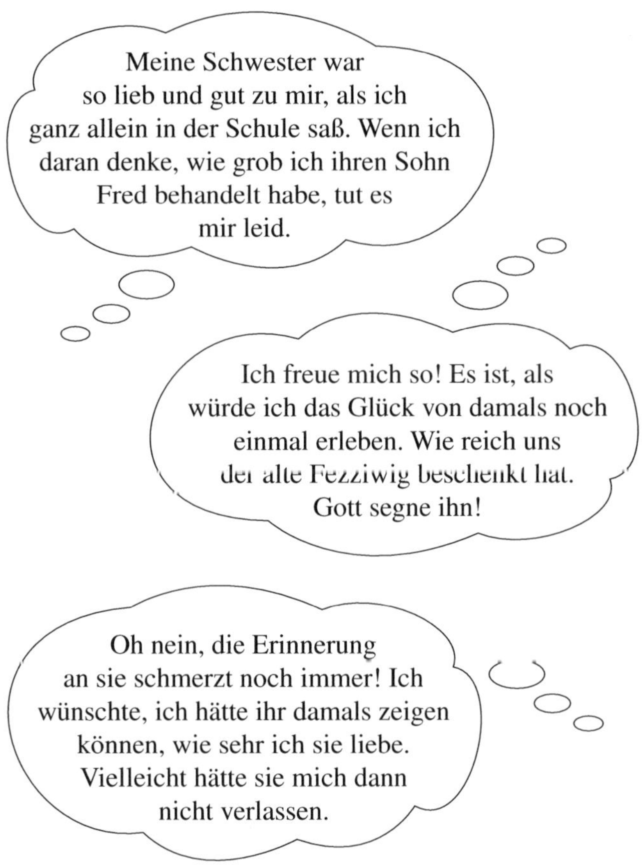

KV Seite 28

Ein guter Chef?

Die Schüler vergleichen auf diesem Arbeitsblatt das Verhalten von Scrooge und Mr Fezziwig ihren Angestellten gegenüber. Dazu ordnen sie verschiedene Aussagen passend zu.

Danach beziehen sie selbst Stellung zu dem Auftreten der beiden Chefs, indem sie begründend darlegen, für wen sie lieber arbeiten würden.

Lösung

Aufgabe 1:

1. S, 2. F, 3. F, 4. S, 5. S, 6. F, 7. S, 8. F

Aufgabe 2:

individuelle Lösung

KV Seite 29

Wahrer Reichtum

In Anknüpfung an die Trennungsszene zwischen Scrooge und seiner Jugendliebe beschäftigen sich die Kinder hier mit der Frage, was für sie im Leben wichtig ist. Die zweite Aufgabe gibt ihnen die Möglichkeit, das Werteverhältnis in Scrooges Weltsicht abzubilden, indem sie die Zeichnung einer Waage vervollständigen. Auf diese Weise werden ihr Vorstellungsvermögen und ihr symbolisches Verständnis geschult.

Abschließend versetzen sich die Schüler in die Situation des jungen Geschäftsmanns Scrooge und formulieren einen Brief mit einem Ratschlag an ihn, wie er auf die Trennung reagieren könnte.

Lösung

Aufgabe 1:

individuelle Lösung

Aufgabe 2:

z. B. In der schwereren Waagschale liegt ein Haufen Geldmünzen. Auf der leichteren Waagschale ist ein Herz (als Symbol für die Liebe) oder eine Frau (Scrooges Jugendliebe) abgebildet.

Aufgabe 3:

individuelle Lösung

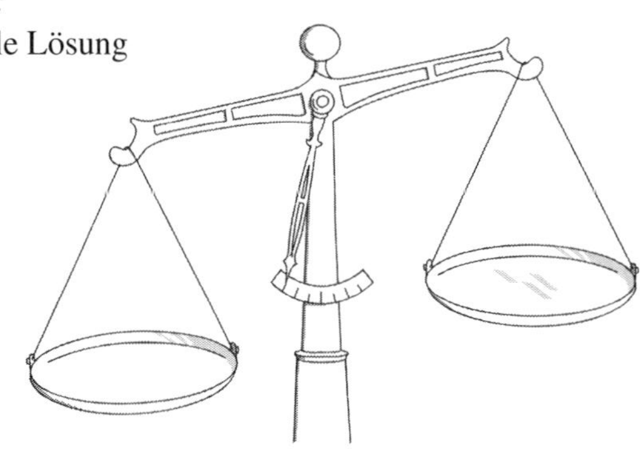

4. Kapitel:
Der zweite Geist

Inhalt

Wieder schlägt die Glocke der Kirchturmuhr ein Uhr. Als Scrooge einen Lichtschein unter dem Türrahmen bemerkt und ins Wohnzimmer geht, bietet sich ihm ein ungewöhnlicher Anblick: Die Wände und die Decke sind auf einmal mit Pflanzen bewachsen, im Kamin brennt ein mächtiges Feuer und auf einem Berg aus köstlichen Speisen thront ein Riese mit einer Fackel in der Hand.

Bei diesem Besucher handelt es sich um den Geist der diesjährigen Weihnacht. Scrooge folgt ihm in die Wohnung des Schreibers Bob Cratchit, wo sich dessen Familie gerade zum Weihnachtsessen um den Tisch versammelt. Unter den Kindern ist auch Tim, dessen Knochen nicht richtig wachsen und der deswegen auf Beinschienen und eine Krücke angewiesen ist. Scrooge erfährt vom Geist, dass der kleine Junge nicht überleben wird, falls sich die Lage der Familie nicht bald bessert.

Später führt der Geist Scrooge in das Zuhause seines Neffen Fred. Dort hört Scrooge, wie Fred sein Mitleid mit seinem Onkel zum Ausdruck bringt und beteuert, ihm jedes Jahr wieder fröhliche Weihnachten zu wünschen und ihn zum Essen einzuladen. Nach einigen weiteren Stationen schlägt es Mitternacht und der Geist der diesjährigen Weihnacht ist verschwunden. Beim letzten Glockenschlag schwebt ein verhülltes Wesen auf Scrooge zu.

Gesprächs- und Schreibanlässe

Der zweite Geist sitzt auf einem riesigen Berg Essen.
- Welche Speisen und Getränke befinden sich darunter?
- Was isst und trinkst du in der Weihnachtszeit gern?
- Gibt es in eurer Familie ein traditionelles Weihnachtsgericht? Welches?

Bei Bob Cratchit sieht Scrooge den kleinen Tim.
- Was fällt Scrooge an dem Jungen auf?
- Wie behandeln die anderen Familienmitglieder den kleinen Tim?
- Welches Schicksal droht dem Jungen?
- Was empfindet Scrooge für Tim?

In der Wohnung seines Neffen hört Scrooge das Gespräch zwischen Fred und seinen Gästen.
- Worüber unterhalten sie sich?
- Welche Gefühle lösen Freds Worte bei Scrooge aus?
- Was würde Scrooge am liebsten tun?
- Spielt eure Familie an Weihnachten auch Spiele? Welche Gesellschaftsspiele magst du?
- Was machst du besonders gern an Weihnachten?

Beim letzten Glockenschlag schwebt ein verhülltes Wesen auf Scrooge zu.
- Wer könnte dieses Wesen sein?
- Was wird es Scrooge zeigen?
- Würdest du gern wissen, was in der Zukunft passiert? Warum (nicht)?

Hinweise zu den Kopiervorlagen

KV Seite 30

Der zweite Geist
Hinweise zu dieser Kopiervorlage finden Sie im Text zu „Der erste Geist" (Seite 8).

Lösung
Aufgabe 1:
Name: Geist der diesjährigen Weihnacht
Aussehen: riesig, lange braune Locken
Kleidung: grünes Gewand mit weißem Pelz
Gegenstände: Stechpalmenkranz, Fackel
Eigenschaften: vergnügt, freundlich

Aufgabe 2:
Scrooge ist zunächst schüchtern und schaut den Geist nicht richtig an. Dann ist er bereit, ihm zu folgen.

Aufgabe 3:
die Familie Cratchit beim Weihnachtsessen; Scrooges Neffen Fred, dessen Frau und ihre Gäste; Menschen in Krankenhäusern, Armenhäusern und Gefängnissen

KV Seite 31

Einen Adventskranz binden
Der Stechpalmenkranz, den der Geist der diesjährigen Weihnacht auf dem Kopf trägt, bildet hier einen Anknüpfungspunkt, um einen Adventskranz als Weihnachtsdekoration fürs Klassenzimmer oder für zu Hause zu binden. Vorbereitend sammeln die Kinder Stechpalmenzweige und Äste von anderen immergrünen Pflanzen und bringen diese in den Unterricht mit. Lassen Sie die Schüler vor dem Basteln das Aussehen und die Eigenschaften der gefundenen Pflanzen beschreiben und identifizieren Sie sie gemeinsam.

Weiterführende Anregungen
- Falls Ihnen eine Klebepistole mit Niedrigtemperatur zur Verfügung steht, deren Einsatz auch in der Grundschule

gefahrlos möglich ist, können die Kinder ihre Adventskränze mit weiteren Dingen aus der Natur (z. B. mit Tannenzapfen) dekorieren.

- Als fächerübergreifende Anregung für den Kunstunterricht eignet sich die Aufgabe, die verschiedenen immergrünen Zweige zu zeichnen und daraus ein kleines Pflanzen-Lexikon zu erstellen.

KV Seite 32

Wie die Menschen Weihnachten feiern

Die Schüler begleiten Scrooge im Laufe der Geschichte zu mehreren Weihnachtsfesten. Auf diesem Arbeitsblatt halten sie die unterschiedlichen Bräuche der Figuren in einer Tabelle fest. Danach haben sie die Gelegenheit, ihre eigene Art, Weihnachten zu feiern, zu beschreiben. Abschließend können sich die Kinder im Plenum darüber austauschen.

Gehen Sie im Unterrichtsgespräch darauf ein, dass Weihnachten in England anders gefeiert wird als hierzulande: Dort ist nicht Heiligabend, sondern der 1. Weihnachtstag der zentrale Festtag, an dem es Geschenke gibt und das traditionelle Weihnachtsessen stattfindet. Wenn in der Lektüre also von „Weihnachten" gesprochen wird, ist damit der 1. Weihnachtstag gemeint.

Lösung

Aufgabe 1:

Mr und Mrs Fezziwig …	Familie Cratchit …	Fred und seine Frau …
Sie tanzen, spielen und speisen mit ihren Gästen. Sie wünschen allen fröhliche Weihnachten.	Die Cratchits tragen schöne Kleidung. Es gibt Gänsebraten, Kartoffelbrei mit Apfelsoße und Pudding.	haben am Weihnachtsabend Besuch von Freunden. Sie essen, unterhalten sich und spielen Spiele.

Aufgabe 2:

individuelle Lösung

Weiterführende Anregung

Die Schüler beschäftigen sich in Kleingruppen mit Weihnachtsbräuchen aus einem Land ihrer Wahl. Sie recherchieren Informationen im Internet oder in Büchern und präsentieren ihre Ergebnisse der ganzen Klasse.

KV Seite 33

In den Augen des Himmels

Manfred Mai gelingt es, „Eine Weihnachtsgeschichte" in einer kindgerechten Sprache zu erzählen und dennoch den Ton des Originals beizubehalten. So taucht im Laufe der Lektüre die ein oder andere altertümliche Formulierung auf, die manchen Schüler stutzig machen könnte. Dieses Arbeitsblatt unterstützt Sie dabei, die sprachliche Gestaltung der Erzählung im Unterricht zu behandeln.

Zunächst ordnen die Kinder fünf ungebräuchliche Begriffe und Wendungen aus dem Buch der passenden Bedeutung zu. In der zweiten Aufgabe festigen sie ihr Wissen über Wort- bzw. Satzarten. Abschließend übertragen die Schüler eine besonders erhabene Redepassage des Geistes der diesjährigen Weihnacht in heutiges Deutsch und beweisen so ihr Textverständnis.

Lösung

Aufgabe 1:

Leuteschinder: jemand, der seine Untergebenen schlecht behandelt
Habe ich die Ehre?: höfliche Einleitung zu der Frage, mit wem man spricht
aufputzen: schmücken, dekorieren
Wollen Sie die Güte haben?: Wären Sie so freundlich?
demütig: bescheiden, unterwürfig

Aufgabe 2:

Nomen (blau): Leuteschinder
Verb (rot): aufputzen
Adjektiv (gelb): demütig
Fragen (grün): Habe ich die Ehre?/Wollen Sie die Güte haben?

Aufgabe 3:

z. B. Mensch, wenn du Mitgefühl hast, dann höre auf, so zu reden. Du kannst nicht entscheiden, wer leben und wer sterben soll. Für Gott ist dein Leben vielleicht weniger wert als das von anderen Menschen, z. B. von diesem Kind.

Weiterführende Anregung

Greifen Sie die Ansprache des Geistes im Plenum auf. Klären Sie gemeinsam, worauf die „Augen des Himmels" anspielen (eine göttliche Instanz oder das Schicksal), und diskutieren Sie, ob der Geist mit der Aussage im dritten Satz recht haben könnte. Arbeiten Sie im Klassengespräch heraus, dass kein Menschenleben mehr Wert hat als ein anderes, und führen Sie den Begriff der Menschenwürde anhand von Artikel 1 des deutschen Grundgesetzes ein („Die Würde des Menschen ist unantastbar.“).

KV Seite 34

Ein Herz aus Stein

Das Herz gilt als Sitz der Gefühle. Daher kreisen zahlreiche Redewendungen um diesen Begriff. Auch in der Lektüre kommt dem Herzen als Quelle des Mitgefühls und der Nächstenliebe, die Scrooge zu Beginn völlig fehlen, eine große Bedeutung zu.

Auf diesem Arbeitsblatt lernen die Schüler verschiedene Redensarten rund ums Herz kennen und setzen sie in Beziehung zum Protagonisten. So erweitern sie einerseits ihr sprachliches Ausdrucksvermögen, andererseits festigen sie ihr Figurenwissen. Dabei gelangen die Kinder zu der Erkenntnis, dass Scrooge im Laufe der Geschichte eine Entwicklung durchmacht: Im 4. Kapitel wird sein Mitleid für den kranken Tim erweckt.

Lösung

Aufgabe 1:

z. B. das Herz eines Löwen, sich ein Herz fassen, sein Herz verlieren, jemandem sein Herz schenken oder ausschütten, leichten oder schweren Herzens, etwas auf dem Herzen haben, jemandem rutscht das Herz in die Hose

Aufgabe 2:

ein Herz aus Stein, sein Herz an etwas hängen, ein einsames Herz, jemanden ins Herz schließen, jemandem das Herz brechen

Aufgabe 3:

Scrooge hat ein Herz aus Stein.
Scrooge hat sein Herz an das Geld gehängt.
Scrooge ist ein einsames Herz.
Scrooge schließt den kleinen Tim ins Herz.
Die Trennung von seiner Freundin hat Scrooge das Herz gebrochen.

KV Seite 35

Mitleid

Das Thema des Mitgefühls, das auf dem vorherigen Arbeitsblatt bereits auf metaphorischer Ebene aufgegriffen wurde, wird hier auf der Handlungs- und Figurenebene konkretisiert. Vorbereitend identifizieren die Schüler Synonyme und ähnliche Begriffe zu „Mitleid“ und machen sich damit die Bedeutung des Ausdrucks klar. Danach reflektieren sie die Beziehungen zwischen den Figuren im 4. Kapitel unter dem Aspekt des Mitleids. Wer Mitleid bzw. kein Mitleid mit wem empfindet, veranschaulichen die Kinder zunächst anhand eines einfachen Schaubilds. Dieses hilft ihnen dabei, im zweiten Schritt das Verhalten der Figuren genauer zu analysieren und in wenigen Sätzen zu versprachlichen.

Lösung

Aufgabe 1:

Anteilnahme, Barmherzigkeit, Mitgefühl

Aufgabe 2:

rote Pfeile (= Mitleid): von Scrooge zu Tim, von Fred zu Scrooge
blauer Pfeil (= kein Mitleid): von Freds Frau zu Scrooge

Aufgabe 3:

Scrooge hat Mitleid mit Tim, weil der Junge sehr krank und schwach ist und womöglich sterben wird.
Fred hat Mitleid mit Scrooge, weil Scrooge selbst am meisten unter seinem herzlosen Verhalten und seiner Einsamkeit leidet.
Freds Frau hat kein Mitleid mit Scrooge, weil er sehr wohlhabend ist.

5. Kapitel: **Der letzte Geist**

Inhalt

Bei der unheimlichen Gestalt, die mit ausgestreckter Hand vor Scrooge stehen bleibt und kein Wort spricht, handelt es sich um den Geist der zukünftigen Weihnacht. Er hüllt Scrooge in seinen weiten Mantel und schwebt mit ihm zur Londoner Börse. Dort belauscht Scrooge ein Gespräch zwischen einigen Geschäftsmännern, die sich über einen kürzlich verstorbenen Kollegen unterhalten. Daraus geht hervor, dass der Verstorbene äußerst geizig und bei seinen Mitmenschen unbeliebt war.

Nun zieht der Geist mit Scrooge weiter in das Geschäft des Lumpenhändlers Joe. Zwei Frauen und ein Mann betreten den Laden. Sie haben die Wohnung des Verstorbenen geplündert und wollen ihre Beute dem alten Joe verkaufen. Auch die drei Plünderer äußern sich negativ über den toten Mann. Scrooge erkennt bestürzt, dass dessen Schicksal sein eigenes sein könnte, und erkundigt sich beim Geist nach Menschen, die sich liebevoll an einen

Verstorbenen erinnern. Daraufhin führt ihn der Geist in die Wohnung der Familie Cratchit. Bob Cratchit, seine Frau und die Kinder trauern gemeinsam um den kleinen Tim, der inzwischen gestorben ist.

Scrooge möchte vom Geist wissen, um wen es sich bei dem verstorbenen Mann handelt. Statt eine Antwort zu geben, zeigt der Geist Scrooge zunächst sein Büro, in dem nun jemand anders arbeitet, und bringt ihn anschließend zum Friedhof. Dort liest Scrooge auf einem Grabstein seinen eigenen Namen und muss erkennen, dass es sich bei dem geizigen und unbeliebten Toten offensichtlich um ihn selbst handelt. Scrooge hofft inständig, dass es noch nicht zu spät ist, sein Leben und damit sein Schicksal zu ändern. Doch der Geist lässt seine Fragen unbeantwortet und verschwindet.

Gesprächs- und Schreibanlässe

Scrooge lernt den dritten und letzten Geist kennen.
- Um welchen Geist handelt es sich?
- Was unterscheidet ihn von den anderen beiden Geistern?
- Welchen der drei Geister würdest du am liebsten treffen? Wem möchtest du auf keinen Fall begegnen?

Der Geist bringt Scrooge in die Londoner Börse.
- Wer kommt in einer Börse zusammen? Was passiert dort genau?
- Worüber reden die Männer, die Scrooge belauscht?
- Wonach schaut sich Scrooge in der Börse um? Welche Vermutung hat er?
- Stimmst du Scrooges Annahme zu? Was glaubst du, wie es ihm in der Zukunft ergangen ist?

Scrooge und der Geist sind im Laden des alten Joe.
- Womit handelt Joe?
- Welche Waren bringen die drei Besucher mit?
- Woher stammen die Gegenstände?
- Warum zittert Scrooge plötzlich am ganzen Körper?

Scrooge besucht erneut die Wohnung von Bob Cratchit.
- Was ist diesmal anders als beim letzten Mal? Wer fehlt?
- Wie geht es der Familie Cratchit?
- Hast du schon von einem geliebten Menschen oder Tier Abschied nehmen müssen? Erzähle.

Der Geist führt Scrooge auf den Friedhof.
- Worauf zeigt der Geist?
- Was steht auf dem Grabstein?
- Wie reagiert Scrooge auf die Entdeckung?

Hinweise zu den Kopiervorlagen

KV Seite 36

Der dritte Geist
Hinweise zu dieser Kopiervorlage finden Sie im Text zu „Der erste Geist" (Seite 8).

Lösung
Aufgabe 1:
Name: Geist der zukünftigen Weihnacht
Aussehen: nur eine Hand ist zu sehen
Kleidung: schwarzer, weiter Mantel mit Kapuze
Gegenstände: keine
Eigenschaften: unheimlich, stumm

Aufgabe 2:
Scrooge fürchtet sich sehr vor dem Geist und fällt vor ihm auf die Knie. Doch dann ist er bereit, ihm zu folgen.

Aufgabe 3:
Händler und Kaufleute in der Londoner Börse; drei Plünderer im Laden des alten Joe; die Familie Cratchit; Scrooges Büro; den Friedhof und Scrooges eigenes Grab

KV Seite 37

In der Londoner Börse
Dieses Arbeitsblatt bietet mit einem kurzen Sachtext grundlegende, kindgerecht aufbereitete Informationen über die Börse und eine Übung zum sinnerfassenden Lesen. Gehen Sie den Text gemeinsam im Plenum durch oder lassen Sie die Schüler zu zweit damit arbeiten. Nach dem sorgfältigen Lesen erklären die Kinder wirtschaftliche Schlüsselbegriffe (kursiv gedruckt) mit eigenen Worten und beweisen dadurch ihr Textverständnis.

Lösung

Aufgabe 1:

Die *Börse* ist ein besonderer Markt: Hier kann man die Ware, mit der gehandelt wird – die *Aktien* –, weder sehen noch mitnehmen. Sichtbar ist nur eine Tafel mit Preisen, die *Börsenkurse* heißen.
Jeder Erwachsene hat die Möglichkeit, Aktien zu kaufen. Aktien sind Anteile an Firmen. Dem Käufer – auch *Aktionär* genannt – gehört dann ein kleiner Teil des Unternehmens.
Die Börsenkurse ändern sich häufig von Sekunde zu Sekunde. Wenn viele Aktien einer Firma gekauft werden, steigt der Kurs. Werden viele Aktien verkauft, sinkt er. Niemand weiß mit Sicherheit, welche Aktien gekauft oder verkauft werden. Deshalb kann man an der Börse in kurzer Zeit eine Menge Geld verdienen, aber auch große Verluste machen.
Die bedeutendsten Börsenmärkte sind in New York, London, Frankfurt am Main, Shanghai und Tokio. Der sogenannte Parketthandel fand früher direkt vor Ort in den einzelnen Börsen statt. Heutzutage handelt man aber meistens per Telefon oder über das Internet mit Aktien.

Aufgabe 2:

Börse: Die Börse ist ein Markt, auf dem man mit Aktien handelt.
Aktien: Aktien sind die Ware, mit der man in der Börse handelt. Sie sind keine Gegenstände, sondern stehen für sehr kleine Teile von Firmen.
Börsenkurse: Die Börsenkurse sind die Preise der Aktien. Sie werden auf einer Tafel angezeigt. Je nachdem, wie viele Aktien einer Firma gekauft oder verkauft werden, steigen oder fallen die Kurse.
Aktionär: Ein Aktionär ist ein Käufer von Aktien.

KV Seite 38

In tiefer Trauer

Hier stehen die beiden Verstorbenen und der Umgang mit ihrem Tod im Mittelpunkt. Berücksichtigen Sie beim Einsatz dieser Kopiervorlage Ihre spezifische Klassensituation. Falls es Schüler gibt, die aktuell durch das Thema „Tod und Trauer" persönlich betroffen sind, ist eine besonders behutsame Vorgehensweise gefragt. Es liegt in Ihrem Ermessen, ob Sie gegebenenfalls ganz auf dieses Arbeitsblatt verzichten wollen.

Zunächst beantworten die Kinder W-Fragen zum verstorbenen Geschäftsmann. Die Informationen entnehmen sie den Aussagen der anderen Figuren. In der zweiten Aufgabe sammeln sie Beispiele, wie die Familienmitglieder des kleinen Tim ihre Trauer zeigen.

Am Schluss steht die herausfordernde Aufgabe, eine eigene Todesanzeige für einen der beiden Verstorbenen zu verfassen. Sprechen Sie mit den Schülern vorab über den Sinn einer solchen Anzeige: Damit gibt man einen Todesfall öffentlich bekannt, verleiht seiner Trauer Ausdruck und würdigt den Hingeschiedenen. Beim Schreiben gilt es, bestimmte Kriterien zu beachten, die auf dem Blatt aufgeführt sind.

Lösung

Aufgabe 1:

1. reicher Geschäftsmann
2. Geiz
3. schlecht
4. Ebenezer Scrooge

Aufgabe 2:

Mutter Cratchit versucht, ruhig zu bleiben.
Bob Cratchit gibt sich heiter, aber fängt an zu weinen.
Die beiden jüngsten Kinder versuchen, ihren Vater zu trösten.

Aufgabe 3:

z. B. Wir geben den Tod von Ebenezer Scrooge bekannt, geboren am 1. Januar 1800 in London, gestorben in der Nacht vom 24. Dezember auf den 25. Dezember 1847 in London.
Es trauern sein Neffe Fred mit seiner Frau und sein Angestellter Mr Cratchit mit Familie.
Ebenezer Scrooge hat nach seiner Lehre bei Mr Fezziwig zusammen mit Jacob Marley ein Geschäft gegründet.
Ebenezer Scrooge ist in der Nacht zum 1. Weihnachtstag allein in seiner Wohnung gestorben. Das Begräbnis findet am 29. Dezember 1847 um 12 Uhr statt. Die Trauerfeier entfällt.

In tiefer Trauer
Wir trauern um Tim Cratchit, geboren am 1. Mai 1839 in London, nach langer Krankheit gestorben in der Nacht vom 24. Dezember auf den 25. Dezember 1847 in London.
Deine Mutter, dein Vater und deine Geschwister
Lieber Tim, du warst unser Sonnenschein, unser Trost, unser Lebensglück! Viel zu früh bist du gegangen. Deine Kraft hat nicht mehr gereicht. In großem Schmerz lassen wir dich ziehen. Dein Lächeln und deine Liebe jedoch bleiben für immer.
Die Beisetzung und die anschließende Trauerfeier im engsten Familienkreis finden am 28. Dezember 1847 um 15 Uhr statt.

KV Seite 39

Was wäre, wenn …?

Das Arbeitsblatt widmet sich dem Protagonisten Scrooge und seiner Reaktion auf das Erlebte: dem

Entschluss, sein Leben zu ändern, um einem einsamen Tod zu entgehen. Als Erstes vergegenwärtigen sich die Schüler zentrale Aussagen des Kapitels und in Verbindung damit die Nutzung des Konjunktivs II in einem Konditionalsatz. Im zweiten Schritt machen sie sich bewusst, welches Schicksal Scrooge verhindern will. Die Kinder entnehmen dem Lektüretext, was Scrooge in seinem Leben ändern möchte, und sammeln abschließend Vorschläge für weitere mögliche Veränderungen.

Lösung

Aufgabe 1:

Frau im Laden: „Hätte der alte Geizkragen seine Mitmenschen besser behandelt, wäre er nicht allein gewesen, als er starb."

Scrooge: „Können Menschen bestimmte Ereignisse verhindern, wenn sie ihre Lebensweise ändern?"

Aufgabe 2:

Scrooge möchte verhindern, dass er allein und verlassen stirbt und dass niemand um ihn trauert.

Aufgabe 3:

1. „Ich will von nun an Weihnachten so feiern, wie es gefeiert werden soll." (Seite 54)
2. „Ich will Armen und Bedürftigen helfen – und das nicht nur an Weihnachten, sondern das ganze Jahr." (Seite 54)

Aufgabe 4:

z. B. Scrooge sollte freundlicher zu seinem Neffen Fred sein, ihm fröhliche Weihnachten wünschen und seine Einladung zum Weihnachtsessen annehmen.

Scrooge sollte den beiden gut gekleideten Herren eine großzügige Spende für arme Menschen geben.

Scrooge sollte seinen Schreiber Bob Cratchit besser behandeln, sein Gehalt erhöhen und ihm freie Zeit gönnen.

Scrooge sollte den kleinen Tim Cratchit unterstützen und seine medizinische Behandlung und Ausrüstung bezahlen.

6. Kapitel:
Das Ende vom Lied

Inhalt

Scrooge erwacht in seinem Bett und ist erleichtert, dass die Zukunft noch vor ihm liegt und er die Zeit nutzen kann, um sich zu ändern. Von einem Jungen, der unter dem Fenster vorbeigeht, erfährt er, dass heute Weihnachten, also der 1. Weihnachtstag, ist. Scrooge bittet den Jungen, einen Truthahn zu besorgen, und verspricht ihm Geld dafür. Scrooge möchte den Truthahn anonym Bob Cratchit schicken. Als der Junge mit dem Händler und dem Truthahn zurückkehrt, bezahlt Scrooge den Truthahn, die Kutsche zu den Cratchits und den Jungen.

Bei einem Spaziergang erblickt Scrooge einen der beiden Herren auf der Straße, die ihn um eine Spende für bedürftige Menschen gebeten haben. Scrooge spricht ihn an und flüstert ihm einen Betrag ins Ohr. Der Mann ist sehr erstaunt über die großzügige Spende. Nun macht sich Scrooge auf den Weg zu seinem Neffen Fred, um mit ihm, seiner Frau und weiteren Gästen Weihnachten zu feiern.

Am nächsten Tag stellt sich Scrooge im Büro Bob Cratchit gegenüber zuerst unfreundlich, verkündet dann aber überraschend die Absicht, das Gehalt seines Angestellten zu erhöhen und seine Familie zu unterstützen. Am Ende der Geschichte wird Scrooge „ein so guter Freund, ein so guter Chef und ein so guter Mensch, wie die Stadt London, ja die ganze Welt noch keinen gesehen hatte" (Seite 64).

Gesprächs- und Schreibanlässe

Scrooge wacht in seinem Bett auf.

- Was begreift Scrooge?
- Wie fühlt er sich?
- Worüber hast du dich zuletzt sehr gefreut?

Es ist der 1. Weihnachtstag.

- Was macht Scrooge in den nächsten Stunden? Beschreibe seinen Tagesablauf.
- Wie erlebt Scrooge dieses Weihnachtsfest? Wie wird er es in Erinnerung behalten?
- Welches war dein bisher schönstes Weihnachtsfest oder -erlebnis?

Bob Cratchit hält seinen Chef für verrückt.

- Warum?
- Wie entwickelt sich das Verhältnis zwischen Scrooge und den Cratchits in der Zukunft?

- Hast du auch schon einmal erlebt, dass sich ein Mensch verändert hat? Erzähle.

Hinweise zu den Kopiervorlagen

KV Seite 40

Geteilte Freude ist doppelte Freude

Die Schüler führen sich vor Augen, wen Scrooge im 6. Kapitel womit beschenkt, indem sie die Gaben den einzelnen Figuren passend zuordnen. Daran anknüpfend machen sie sich Gedanken, womit sie anderen Menschen in der Weihnachtszeit eine Freude bereiten können. Zuletzt reflektieren sie die Wirkung, die Scrooges Taten auf ihn selbst haben. So wird den Kindern bewusst, dass der Akt des Schenkens eine wechselseitige Beziehung herstellt und beiden – Beschenktem und Schenkendem – Glück bescheren kann.

Lösung
Aufgabe 1:
ein Besuch am Weihnachtsabend: Fred
eine großzügige Spende: Herr vom Vortag
ein großer Truthahn: Bob Cratchit
eine Gehaltserhöhung: Bob Cratchit
väterliche Unterstützung: Tim Cratchit

Aufgabe 2:
individuelle Lösung

Aufgabe 3:
z. B. Ja, ich stimme der Aussage zu. Im Laufe des 6. Kapitels wird Scrooge immer fröhlicher, weil es ihm Spaß macht, seinen Mitmenschen eine Freude zu bereiten. Er freut sich, andere glücklich zu sehen, und ihre Freude ist ansteckend. Es gibt das Sprichwort: „Das Lächeln, das du aussendest, kehrt zu dir zurück.“ Das erlebt Scrooge.

KV Seite 41

Wie neugeboren

Scrooge durchläuft infolge der Begegnungen mit den drei Geistern eine innere Wandlung und erscheint am Ende der Geschichte wie ausgewechselt. Auf diesem Arbeitsblatt vollziehen die Schüler die Entwicklung des Protagonisten nach, indem sie Beispiele für Veränderungen in seiner Gestik und Mimik notieren und darauf aufbauend eine Zeichnung von Scrooge anfertigen. Dieses Bild vergleichen sie mit ihrem ersten Porträt auf dem Blatt „Wer ist Ebenezer Scrooge?“ (Seite 19) und tauschen sich mit einem Partner über die Unterschiede aus. Abschließend schreiben die Kinder den ersten Absatz der Geschichte so um, dass er auf den „neugeborenen“ Scrooge zutrifft. Auf diese Weise wird ihr Bewusstsein für einen differenzierten Ausdruck und passende Nomen, Verben und Adjektive geschärft.

Lösung
Aufgabe 1:
1. Scrooge hat ein Lächeln im Gesicht.
2. Scrooges Hand zittert vor Freude.

Aufgabe 2:
individuelle Lösung

Aufgabe 3:
Scrooge sieht auf dem neuen Bild freundlicher, herzlicher und wärmer aus.

Aufgabe 4:
z. B. Diese Geschichte erzählt von Ebenezer Scrooge, einem bescheidenen, großzügigen Menschenfreund, wie man nicht leicht einen zweiten findet. Er ~~dachte nur an seinen Vorteil und~~ empfand viel Mitleid für andere Menschen. Sein warmes Herz machte seine Gesichtszüge freundlich, ~~seine spitze Nase noch spitzer,~~ seinen Gang schwungvoll, seine Augen glänzend, seine ~~dünnen~~ Lippen rot, seine Stimme weich und melodisch. Er verbreitete seine innere Wärme auch um sich herum. Die Menschen in seiner Nähe spürten Wärme, selbst wenn es kalt war.

KV Seite 42

Der kleine Tim

Das Arbeitsblatt rückt noch einmal Bob Cratchits Sohn Tim in den Mittelpunkt, da er nicht zuletzt aufgrund seines Alters eine wichtige Identifikationsfigur für die Schüler darstellt. Zuerst überlegen sie, in welchen Aktivitäten sich Scrooges väterliches Verhalten zeigen könnte. Hier gibt es keine richtige oder falsche Lösung, vielmehr regt die Aufgabe die Fantasie der Kinder an und dient so als Vorbereitung für einen kreativen Schreibauftrag: Die Schüler versetzen sich in Tim hinein und verfassen einen Tagebucheintrag über ein gemeinsames Erlebnis mit Scrooge.

Lösung
Aufgaben 1 und 2:
individuelle Lösung

Nach der Lektüre

Hinweise zu den Kopiervorlagen

Das Theaterstück

KV Seite 43–48

Diese sechs Kopiervorlagen stellen eine gekürzte Fassung der Lektüre in Dialogen mit Regieanweisungen zur Verfügung. So erhalten Sie und Ihre Klasse die Gelegenheit, die Geschichte als Theaterstück einzuüben und gegebenenfalls im Rahmen einer Weihnachtsfeier aufzuführen.

Sie haben die Möglichkeit, das Stück als Sprech- und Schauspielübung im Klassenzimmer einzusetzen: Da es sich bei den 18 Bildern um sehr kurze Szenen handelt, die oft einen Dialog zwischen zwei Figuren wiedergeben, bietet es sich an, die Schüler die Szenen in Partnerarbeit einstudieren zu lassen. Die kursiven Angaben in Klammern geben Hinweise zu Gestik, Mimik und Betonung.

Für einige Szenen werden mehr Sprecher bzw. Statisten benötigt (5., 6., 7., 9., 10., 12., 13. und 14. Bild). Diese können die Kinder in Kleingruppen erarbeiten. Je nach Anzahl der Schüler beschäftigt sich jede Gruppe mit einer oder zwei Szenen. Die Kinder präsentieren die von ihnen einstudierte(n) Szene(n) der Klasse und erhalten konstruktives Feedback.

Wenn Sie das Theaterstück zur Aufführung vor Publikum bringen möchten, überlegen Sie sich vorab, ob die Schüler selbst zu Schauspielern werden oder ob Sie das Stück als Puppentheater oder Schattentheater inszenieren wollen. Eventuell empfiehlt sich eine Zusammenarbeit mit der Lehrkraft für Kunst, um Handpuppen anzufertigen.

Rollenverteilung

- Folgende Sprechrollen (20) sind zu besetzen: Fred, der alte Scrooge, Bob Cratchit, Marleys Geist, der Geist der vergangenen Weihnachten, Scrooge als Junge, Scrooges Schwester, Mr Fezziwig, Scrooge als junger Geschäftsmann, Scrooges Jugendliebe, der Geist der diesjährigen Weihnacht, Mutter Cratchit, Tim Cratchit, Freds Frau, zwei Männer in der Börse, erste Frau im Laden, der alte Joe, Peter Cratchit, Junge auf der Straße.
- Stumme Rollen (5): Scrooge als Lehrling, Dick Wilkins, Geist der zukünftigen Weihnacht, zweite Frau und Mann im Laden
- Statisten: Mr Fezziwigs Gäste, weitere Kinder der Familie Cratchit, Freds Gäste

Bühnenbild

Gestalten Sie die Bühne aufgrund der häufigen Szenenwechsel möglichst einfach und vermeiden Sie aufwendige Umbauten. So dient Scrooges Schreibtisch (1. und 18. Bild) zusätzlich als Bob Cratchits Schreibtisch (2. Bild) und Mr Fezziwigs Schreibtisch (6. Bild), als Esstisch bei Familie Cratchit (9. und 14. Bild) und in Freds Wohnung (10. Bild) sowie als Ladentisch (13. Bild). Eine Liege wird als Bett, Schulbank und Sofa eingesetzt (4., 5., 7., 15. und 16. Bild). Aus einem mit Flammen bemalten Karton basteln die Schüler einen Kamin (3. und 14. Bild) und aus einem beschrifteten Karton wird ein Grabstein (15. Bild). Weiterhin benötigen Sie ein paar Stühle (1., 2., 3., 6., 9., 10., 14. und 18. Bild).

Damit die Zuschauer verstehen, wo das Dargestellte stattfindet, hält ein Kind zu Beginn jeder Szene ein Schild mit der Ortsangabe (z. B. „Scrooges Büro") hoch.

Requisiten

Beschränken Sie sich auch hier auf das Nötigste. Unbedingt erforderlich sind eine Glocke (3., 4., 8. und 11. Bild) sowie bunte Stoffe und Tücher, die in einen Essensberg (8. Bild) und drei Bündel (13. Bild) verwandelt werden können. Die Geister haben folgende Requisiten bei sich: Kette (Marley), Stechpalmenzweig und Krone (Geist der vergangenen Weihnachten), Stechpalmenkranz und eine mit braunem Papier umwickelte Taschenlampe als Fackel (Geist der diesjährigen Weihnacht). Außerdem brauchen Sie eine Pfeife, Stiefel, Teelöffel und ein paar Münzen (13. Bild) sowie Stricknadeln und eine Teetasse (14. Bild).

Akustische Gestaltung und Beleuchtung

Beachten Sie hierfür die Regieanweisungen. Um die passenden Geräusche zu erzeugen, können Glocken, Rasseln und Schellentrommeln zum Einsatz kommen. Im 6. und 18. Bild wird weihnachtliche Musik abgespielt oder die Schüler singen Weihnachtslieder. Benutzen Sie im 15. Bild die bereits im 8. Bild als Fackel eingesetzte Taschenlampe, um den Grabstein anzuleuchten.

Zwei Geschichtenerfinder

Betrachte die beiden Bilder. Äußere jeweils deine Vermutungen zu den folgenden Fragen.

1. Was ist der Mann von Beruf?
2. Zu welcher Zeit lebt er?
3. Woher kommt er?

© Michael Setz

Lies den Text. Unterstreiche die Antworten zu den Fragen. Verwende dabei zwei unterschiedliche Farben, um die beiden Männer auseinanderzuhalten. Unterstreiche mit einer dritten Farbe den Titel deiner Lektüre auf Englisch und Deutsch.

Charles (sprich: Tscharls) Dickens ist ein berühmter englischer Schriftsteller. Er lebte von 1812 bis 1870. Charles Dickens hat Romane auf Englisch geschrieben, zum Beispiel „David Copperfield“ und „Oliver Twist“. Seine Bücher wurden in viele Sprachen übersetzt und auch verfilmt. „A Christmas Carol“, auf Deutsch „Eine Weihnachtsgeschichte“, gehört zu seinen bekanntesten Werken.

Manfred Mai wurde 1949 in Baden-Württemberg geboren. Bevor er die Welt der Literatur entdeckte und Schriftsteller wurde, arbeitete er in verschiedenen Berufen, zum Beispiel als Maler und in einer Fabrik. Inzwischen hat er etwa 150 Bücher verfasst, eines davon liest du gerade. Für dich und deine Mitschüler hat Manfred Mai „Eine Weihnachtsgeschichte“ von Charles Dickens neu aufgeschrieben.

Name:

Wer ist Ebenezer Scrooge?

Lies den Anfang des 1. Kapitels. Unterstreiche alle Adjektive.

Diese Geschichte erzählt von Ebenezer Scrooge, einem habgierigen, geizigen Leuteschinder, wie man nicht leicht einen zweiten findet. Er dachte nur an seinen Vorteil und kannte kein Mitleid für andere Menschen. Sein kaltes Herz machte seine Gesichtszüge starr, seine spitze Nase noch spitzer, seinen Gang steif, seine Augen rot, seine dünnen Lippen blau, seine Stimme hart und knarrend. Er verbreitete seine innere Kälte auch um sich herum. Die Menschen in seiner Nähe fröstelten, selbst wenn es warm war. Dieser hartherzige alte Mann lebte in London und leitete dort ein Geschäft.

Beantworte die Fragen in Stichworten und male ein farbiges Bild von Ebenezer Scrooge in den Kasten. Beziehe dabei die Informationen aus dem Text oben ein.

1. Wer ist Ebenezer Scrooge?

2. Wo lebt er?

3. Was ist sein Beruf?

4. Wie ist sein Charakter?

Name:

lesen schreiben Spracharbeit sprechen malen / basteln

Der Geist von Weihnachten

Die Figuren in der Lektüre denken und sagen Unterschiedliches über Weihnachten.

Ordne die Aussagen passend zu.

In dieser feierlichen Jahreszeit ist es besonders wünschenswert, den Armen zu helfen.

Ach was, dummes Zeug! Fröhliche Weihnachten? Was für ein Recht hast du, fröhlich zu sein, so arm wie du bist?

Die Weihnachtszeit ist eine schöne Zeit, in der die Menschen ihre Herzen öffnen und anderen Gutes tun.

Feiere du Weihnachten nach deinem Geschmack und lass es mich nach meinem feiern.

Wie feiert Ebenezer Scrooge Weihnachten? Beantworte die Frage in einem Satz.

Was verbindest du mit Weihnachten? Schreibe auf.

Ein sprechender Name

Die Hauptfigur heißt Ebenezer Scrooge.

Kreuze jeweils die richtige Antwort an.

1. Was bedeutet das englische Wort „scrooge“ wohl auf Deutsch?
   ☐ Schurke. ☐ Geizhals. ☐ Skelett.

2. Welche berühmte Comicfigur wird wegen ihres Charakters auch „Scrooge“ genannt?
   ☐ Micky Maus. ☐ Lucky Luke. ☐ Dagobert Duck.

3. Was will Ebenezer Scrooge immer weiter vermehren?
   ☐ Seine Kälte. ☐ Seinen Reichtum. ☐ Seine Freunde.

Sammle drei bis sechs Beispiele für Scrooges Geiz aus dem 1. Kapitel und schreibe sie auf.

Name:

lesen | schreiben | Spracharbeit | sprechen | malen/basteln

Was ist ein Armenhaus?

Was genau ist ein Armenhaus? Lies den Text.

„Armenhaus“ ist ein Begriff für eine soziale Einrichtung von früher. Oft befand sich in der Nähe auch ein Waisenhaus, ein Gefängnis oder ein Krankenhaus. In Armenhäusern lebten ältere Menschen, die nicht mehr arbeiteten und sich nicht selbst versorgen konnten. Dort bekamen sie einen Schlafplatz und Essen.

Armenhäuser waren zur Zeit von Charles Dickens ein ganz normaler Anblick. In fast allen Städten und Dörfern gab es eine solche Einrichtung. Doch nicht jede und jeder fand dort Zuflucht, denn es wurden nur Bewohner aus dem eigenen Ort aufgenommen. Fremde erhielten keine Altersversorgung.

Finanziert wurden Armenhäuser sowohl durch das Geld von Stadt und Kirche als auch durch die Spenden reicher Bürger. Auf dem Land bezahlte man die Armenversorgung teilweise aus dem gemeinschaftlichen Eigentum.

In der Gegenwart gibt es keine Armenhäuser mehr. Den Begriff „Armenhaus“ benutzt man heute meist nur noch im übertragenen Sinne. Zum Beispiel wird ein Land als „das Armenhaus Europas“ beschrieben.

Der Text ist in vier Absätze unterteilt. Überlege dir eine W-Frage zu den letzten drei Absätzen und schreibe sie auf.

Die Fragewörter helfen dir.

wer | was | wo | wann | wie | warum | woher

1. Wer lebte in Armenhäusern?

2.

3.

4.

Name:

lesen **schreiben** Spracharbeit sprechen malen/basteln

Unheimliche Dinge geschehen

Bringe die Ereignisse vom Anfang des 2. Kapitels mit Zahlen in die richtige Reihenfolge. Die Buchstaben hinter den Sätzen ergeben der Reihe nach gelesen ein Lösungswort. Schreibe es darunter auf.

☐ Sie schwingt stärker und beginnt zu läuten. **(P)**

☐ Plötzlich verstummen alle Glocken gleichzeitig. **(N)**

☐ Scrooge erkennt im Licht des Türklopfers das Gesicht von Jacob Marley. **(E)**

☐ Das Rasseln und Poltern kommt die Treppe herauf und wird immer lauter. **(T)**

☐ Der große Türklopfer leuchtet. **(G)**

☐ Alle Glocken im Haus beginnen zu läuten. **(E)**

☐ Von unten ertönt ein Rasseln. **(S)**

☐ Die Glocke im Wohnzimmer bewegt sich. **(S)**

Lösungswort:

1	2	3	4	5	6	7	8

Wer betritt nun das Zimmer? Ergänze die fehlenden Wörter.

Die Gestalt hatte __________ Gesicht und seinen Zopf. Eine __________ war um ihren Leib geschlungen und schleifte hinter ihr über den Boden. An der Kette hingen Geldkassetten, Schlösser und __________, Verträge und schwere __________ aus Stahl.

Meine Gruselgeschichte

Der Anfang vom 2. Kapitel ist richtig unheimlich, wie eine Gruselgeschichte.

Was macht diese Textstelle so gruselig? Erkläre in einem Satz.

Wie sollte eine Gruselgeschichte auf keinen Fall sein? Streiche alle unpassenden Adjektive durch.

fantastisch | langweilig | unheimlich | vorhersehbar | harmlos | spannend | lustig

Denke dir eine eigene Gruselgeschichte aus und schreibe sie in dein Heft. Die Stichpunkte geben dir Tipps.

Aufbau
- Gliedere deine Geschichte in Einleitung, Hauptteil und Schluss.
- Baue die Spannung langsam auf.
- Beende die Geschichte mit einem Schreckmoment oder lasse das Ende offen. Ein Happy End ist verboten!

Figuren (Beispiele)
- gewöhnliche Kinder oder Erwachsene
- Geister
- Hexen
- Vampire
- Monster
- Verbrecher

Handlungszeit und Atmosphäre
- Abend oder Nacht
- Herbst oder Winter
- Nebel, Regen oder Schnee

Handlungsort (Beispiele)
- Friedhof, Kirche oder Kapelle
- Burg- oder Schlossruine
- verlassenes Gebäude (z. B. Schule oder Parkhaus)
- Wald
- Mais- oder Getreidefeld

Name:

lesen | schreiben | Sprachabeit | sprechen | malen / basteln

Die Warnung

Was teilt der Geist von Marley seinem alten Partner mit? Ergänze die passenden Aussagen und die Zeichen der wörtlichen Rede.

Marleys Erklärung für seine Fesseln: ___ Das ist ______________________

____

Marleys Warnung: ___ Hör mir gut zu, ______________________

____

____

Marleys Ankündigung: ___ Erwarte den ersten Geist ______________________

____

____

____

____

Marleys Geist sagt: „Die Menschen hätten mein Geschäft sein sollen.“ (Seite 20)

Was meint der Geist mit dieser Aussage? Sprich mit deinem Partner und schreibe eure Antwort auf.

____

____

____

Name:

lesen **schreiben** Spracharbeit sprechen **malen/basteln**

Der erste Geist

Was weißt du über den Geist? Fülle den Steckbrief aus und male den Geist passend an.

Name:

Aussehen:

Kleidung:

Gegenstände:

Eigenschaften:

Wie reagiert Scrooge auf den Besuch des Geistes? Schreibe auf.

Was zeigt der Geist dem alten Scrooge? Notiere Stichpunkte.

Name:

lesen | schreiben | Spracharbeit | sprechen | malen/basteln

Unerwartetes Wiedersehen

Wen trifft Scrooge wo? Ergänze jeweils die passende Präposition und die Person(en).

Achte auf die Großschreibung am Satzanfang.

eine schöne Frau | hinter | in | Schwester | aus | auf | Dick Wilkins | Bekannten von früher | Fezziwig | neben

1. ________ dem Weg ins Dorf freut sich Scrooge, seine ________ zu sehen.
2. ________ der Schule erkennt Scrooge sich selbst und seine ________.
3. ________ einem Pult sitzt Scrooges Lehrmeister, der alte ________.
4. ________ einem Nebenraum kommt sein Jugendfreund ________.
5. ________ dem jungen Geschäftsmann Scrooge sitzt ________.

Welche Gedanken und Gefühle lösen die Begegnungen mit seiner Schwester, seinem Lehrmeister und seiner Jugendliebe bei Scrooge aus? Vervollständige die Gedankenblasen in deinem Heft.

Meine Schwester war so lieb und gut zu mir …

Ich freue mich so! Es ist, als würde ich …

Oh nein, die Erinnerung an sie schmerzt …

Name:

lesen schreiben Spracharbeit sprechen malen/basteln

Ein guter Chef?

Mr Fezziwig war der Vorgesetzte des jungen Scrooge, Scrooge ist der Chef des Schreibers Bob Cratchit.

Welche Aussagen passen zu welchem Vorgesetzten? Schreibe ein F für Fezziwig oder ein S für Scrooge hinter die Sätze.

Lies auch im 1. Kapitel nach.

1. Dieser Chef behält seinen Angestellten genau im Auge. ☐
2. Dieser Chef lädt seine Angestellten zum Weihnachtsfest ein. ☐
3. Dieser Chef tanzt, spielt, isst und trinkt mit seinen Angestellten. ☐
4. Dieser Chef verlangt von seinem Angestellten, an Heiligabend bis spät zu arbeiten. ☐
5. Dieser Chef ärgert sich darüber, dass er seinem Angestellten Lohn für einen Urlaubstag zahlen soll. ☐
6. Dieser Chef wünscht jedem seiner Angestellten fröhliche Weihnachten. ☐
7. Dieser Chef fordert seinen Angestellten auf, nach dem freien Tag früher zur Arbeit zu kommen. ☐
8. Dieser Chef schenkt seinen Angestellten Glück, das mehr wert ist als sein ganzes Vermögen. ☐

Fezziwig oder Scrooge – wen möchtest du lieber als Chef haben? Begründe deine Antwort.

Name:

lesen **schreiben** Spracharbeit sprechen **malen/basteln**

Wahrer Reichtum

Was ist für dich wertvoll im Leben? Rahme die fünf wichtigsten Begriffe farbig ein und begründe deine Antwort im Heft.

Familie	Freunde	Liebe	Geld	Spaß	Natur	Reisen
Abenteuer	Sport	Musik	ein Zuhause	Glaube	Tiere	
Gesundheit	Erfolg	Ruhm	Zufriedenheit	Schule	Freizeit	

Was ist für Scrooge wertvoll im Leben? Stelle es bildlich dar, indem du passende Dinge auf die beiden Waagschalen malst: Was mehr wiegt, ist für ihn wertvoller.

Scrooges Jugendliebe trennt sich von ihm und wünscht ihm Glück für sein Leben.

Wie würdest du an seiner Stelle darauf reagieren? Schreibe einen Brief an den jungen Geschäftsmann Scrooge in dein Heft, in dem du ihm einen Rat gibst.

Name:

lesen | schreiben | Spracharbeit | sprechen | malen/basteln

Der zweite Geist

Was weißt du über den Geist? Fülle den Steckbrief aus und male den Geist passend an.

Name:

Aussehen:

Kleidung:

Gegenstände:

Eigenschaften:

Wie reagiert Scrooge auf den Besuch des Geistes? Schreibe auf.

Was zeigt der Geist dem alten Scrooge? Notiere Stichpunkte.

Einen Adventskranz binden

Der Geist der diesjährigen Weihnacht trägt einen Stechpalmenkranz auf dem Kopf.

Bastle einen Adventskranz aus Stechpalmenzweigen und anderem Grün als Weihnachtsschmuck für euer Klassenzimmer oder für zu Hause.

Du brauchst:

- einen Rohling aus Stroh
- grünen Blumendraht
- eine Gartenschere
- Stechpalmenzweige und weitere immergrüne Äste, z. B. Eibe und Kirschlorbeer
- eine Kordel oder ein Band

So geht's:

1. Wickle ein Stück Blumendraht ab, schlinge es einmal um den Rohling und verzwirble das Ende. Behalte den Draht die ganze Zeit auf der Spule und wickle ihn mit der Spule zusammen um die Zweige.
2. Beginne mit der ersten Runde: Nimm einen grünen Zweig (z. B. von einer Eibe). Schneide einzelne kleine Zweige ab und lege sie neu zusammen, bis ein Sträußchen entsteht.
3. Lege dieses Sträußchen auf den Rohling und umwickle die Enden der Zweige ein- bis zweimal mit Blumendraht.
4. Platziere das nächste Sträußchen etwas versetzt, sodass es das Ende des vorherigen Sträußchens verdeckt. Umwickle es wieder mit Blumendraht. Arbeite dich auf diese Weise einmal um den Kranz herum.
5. Bringe deinen Adventskranz in der zweiten Runde in Form: Schließe Lücken mit neuen Zweigen (z. B. vom Kirschlorbeer). Wenn Zweige stark abstehen, wickle Draht darum.
6. In der letzten Runde kommt die Stechpalme zum Einsatz: Entferne die Blätter unten an den Zweigen und stecke die holzigen Enden in die schon vorhandenen Drahtschlaufen. Achtung: Da die Blätter Stacheln haben, musst du vorsichtig sein!
7. Wickle eine Kordel oder ein Band um deinen Kranz und hänge ihn auf.

Name:

Wie die Menschen Weihnachten feiern

Wie feiern Mr und Mrs Fezziwig, die Familie Cratchit und Scrooges Neffe Fred Weihnachten? Lies im 3. und 4. Kapitel nach und ergänze die Tabelle.

Mr und Mrs Fezziwig …	Familie Cratchit …	Fred und seine Frau …
laden ihre Angestellten, ein paar Freunde und Nachbarn ein.	hat die Wohnung festlich geschmückt.	

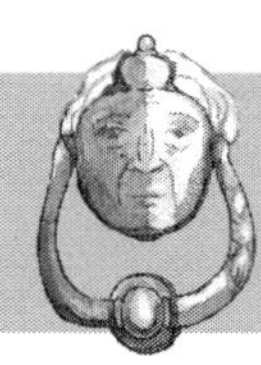

Wie feierst du Weihnachten? Notiere, wie du die einzelnen Tage verbringst, mit wem du feierst und was es bei euch zu essen gibt.

24. Dezember – Heiligabend:

25. Dezember – 1. Weihnachtstag:

26. Dezember – 2. Weihnachtstag:

Name:

lesen | schreiben | Spracharbeit | sprechen | malen/basteln

In den Augen des Himmels

In der Lektüre kommen viele Ausdrücke vor, die man nur noch selten benutzt.

Was bedeuten die Begriffe und Sätze in der linken Spalte? Ordne sie den passenden „Übersetzungen“ zu.

Leuteschinder •	• bescheiden, unterwürfig
Habe ich die Ehre? •	• Wären Sie so freundlich?
aufputzen •	• jemand, der seine Untergebenen schlecht behandelt
Wollen Sie die Güte haben? •	• schmücken, dekorieren
demütig •	• höfliche Einleitung zu der Frage, mit wem man spricht

Worum handelt es sich bei den Begriffen und Sätzen in der linken Spalte? Markiere farbig: Nomen (blau), Verb (rot), Adjektiv (gelb) und Fragen (grün).

Der Geist der diesjährigen Weihnacht tadelt Scrooge für sein Verhalten.

Was sagt er genau? Gib die Ansprache des Geistes Satz für Satz mit eigenen Worten wieder. Schreibe in dein Heft.

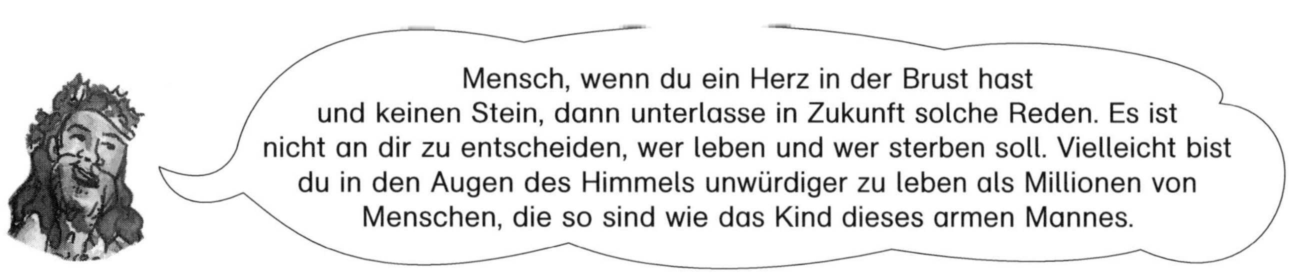

Name:

Ein Herz aus Stein

Lies die Redewendungen rund ums Herz. Welche fallen dir noch ein? Ergänze.

- ein Herz aus Stein
- sein Herz an etwas hängen
- das Herz auf dem rechten Fleck haben
- das Herz auf der Zunge haben
- ein einsames Herz
- jemanden ins Herz schließen
- jemandem das Herz brechen

Welche Redewendungen eignen sich, um Scrooge zu beschreiben? Male diese Herzen rot aus.

Bilde mit den Redewendungen Beispielsätze, die zu Scrooge und zum Inhalt der Lektüre passen.

Name:

lesen **schreiben** Spracharbeit sprechen malen/basteln

Mitleid

Scrooge kennt am Anfang der Lektüre kein Mitleid mit anderen Menschen.

Welche Begriffe bedeuten das Gleiche wie „Mitleid“ oder etwas ganz Ähnliches? Rahme sie farbig ein.

Anteilnahme | Traurigkeit | Eifersucht | Barmherzigkeit | Schadenfreude | Mitgefühl

Wer hat im 4. Kapitel Mitleid mit wem? Wer hat kein Mitleid mit wem? Zeichne farbige Pfeile zwischen die Figuren: rote Pfeile = Mitleid, blaue Pfeile = kein Mitleid.

Scrooge

Tim

Fred

Freds Frau

Warum haben die Figuren Mitleid oder kein Mitleid miteinander? Schreibe für jeden gezeichneten Pfeil eine Erklärung aus ein bis zwei Sätzen in dein Heft.

Name:

lesen | schreiben | Spracharbeit | sprechen | malen / basteln

Der dritte Geist

Was weißt du über den Geist? Fülle den Steckbrief aus und male den Geist passend an.

Name:

Aussehen:

Kleidung:

Gegenstände:

Eigenschaften:

Wie reagiert Scrooge auf den Besuch des Geistes? Schreibe auf.

Was zeigt der Geist dem alten Scrooge? Notiere Stichpunkte.

In der Londoner Börse

Der Geist der zukünftigen Weihnacht schwebt mit Scrooge in die Londoner Börse.

Was ist die Börse und was passiert dort? Lies den Text und unterstreiche wichtige Informationen.

Die *Börse* ist ein besonderer Markt: Hier kann man die Ware, mit der gehandelt wird – die *Aktien* –, weder sehen noch mitnehmen. Sichtbar ist nur eine Tafel mit Preisen, die *Börsenkurse* heißen.

Jeder Erwachsene hat die Möglichkeit, Aktien zu kaufen. Aktien sind Anteile an Firmen. Dem Käufer – auch *Aktionär* genannt – gehört dann ein kleiner Teil des Unternehmens.

Die Börsenkurse ändern sich häufig von Sekunde zu Sekunde. Wenn viele Aktien einer Firma gekauft werden, steigt der Kurs. Werden viele Aktien verkauft, sinkt er. Niemand weiß mit Sicherheit, welche Aktien gekauft oder verkauft werden. Deshalb kann man an der Börse in kurzer Zeit eine Menge Geld verdienen, aber auch große Verluste machen.

Die bedeutendsten Börsenmärkte sind in New York, London, Frankfurt am Main, Shanghai und Tokio. Der sogenannte Parketthandel fand früher direkt vor Ort in den einzelnen Börsen statt. Heutzutage handelt man aber meistens per Telefon oder über das Internet mit Aktien.

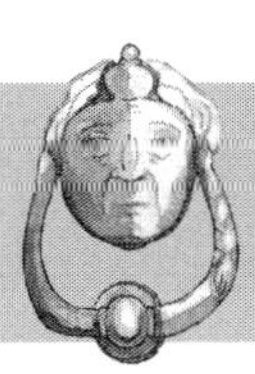

Wähle einen der hervorgehobenen Begriffe aus dem Text aus und erkläre mit eigenen Worten, was er bedeutet.

In tiefer Trauer

Im 5. Kapitel begibt sich Scrooge in die Zukunft und erfährt von zwei Todesfällen.

Was erfährst du durch die Aussagen der anderen Menschen über den ersten Verstorbenen? Beantworte die Fragen in Stichpunkten.

1. Welche Stellung hatte der Verstorbene?
2. Was war sein auffälligster Charakterzug?
3. Wie waren die Beziehungen zu seinen Mitmenschen?
4. Wer könnte der Verstorbene sein?

Wie geht die Familie Cratchit mit dem Tod des kleinen Tim um? Lies im Text nach und notiere jeweils ein Beispiel.

Mutter Cratchit

Bob Cratchit

Die beiden jüngsten Kinder

Schreibe eine Todesanzeige für einen der Verstorbenen in dein Heft. Nimm Informationen aus der Lektüre zu Hilfe und ergänze sie durch eigene Ideen. Folgende Angaben sollte deine Anzeige enthalten.

- den vollständigen Namen des Verstorbenen
- das Geburts- und Todesdatum
- den Geburts- und Sterbeort
- die Namen der Hinterbliebenen (Familie, Freunde, Bekannte, Angestellte)
- Bemerkungen zu Leben, Beruf und Eigenschaften des Verstorbenen
- eventuell ein religiöses Symbol und einen Trauerspruch
- gegebenenfalls Datum und Ort der Trauerfeier

Name:

lesen | schreiben | Spracharbeit | sprechen | malen / basteln

Was wäre, wenn …?

Lies den Satz der Frau im Laden und die Frage von Scrooge an den Geist der zukünftigen Weihnacht. Ergänze die vier Wörter passend.

Achte auf die Großschreibung am Satzanfang.

wäre | wenn | können | hätte

Frau im Laden: „__________ der alte Geizkragen seine Mitmenschen besser behandelt, __________ er nicht allein gewesen, als er starb."

Scrooge: „__________ Menschen bestimmte Ereignisse verhindern, __________ sie ihre Lebensweise ändern?"

Welche „bestimmten Ereignisse" möchte Scrooge verhindern? Erkläre.

Was will Scrooge in seinem Leben ändern, damit diese Ereignisse nicht eintreten? Lies im 5. Kapitel nach und schreibe die Zitate auf.

1. __________

____

2. __________

____

Was sollte Scrooge noch anders machen? Schreibe in dein Heft. Beziehe Fred, die beiden Herren, Bob und Tim Cratchit ein.

Name:

lesen **schreiben** Spracharbeit **sprechen** malen / basteln

Geteilte Freude ist doppelte Freude

Im 6. Kapitel macht Scrooge verschiedenen Menschen eine Freude.

Womit bereitet Scrooge wem Freude? Ordne passend zu.

- ein Besuch am Weihnachtsabend
- eine großzügige Spende
- ein großer Truthahn
- eine Gehaltserhöhung
- väterliche Unterstützung

- Fred
- Bob Cratchit
- Tim Cratchit
- Herr vom Vortag

Womit kannst du anderen Menschen in der Weihnachtszeit eine Freude bereiten? Sprich mit deinem Partner.

Lies die Aussage. Stimmst du ihr zu? Begründe deine Meinung.

Mit seinen Taten macht Scrooge sich selbst die größte Freude.

Name:

lesen **schreiben** Spracharbeit **sprechen** **malen/basteln**

Wie neugeboren

Scrooge fühlt sich wie ein neugeborenes Kind.

Wodurch zeigt sich Scrooges innere Veränderung in seiner Gestik und Mimik? Schreibe zwei Beispiele aus dem 6. Kapitel auf.

1.

2.

Male anhand der Ereignisse und Beschreibungen im 6. Kapitel ein farbiges Bild von Scrooge.

Betrachte dein erstes Bild von Scrooge auf dem Blatt „Wer ist Ebenezer Scrooge?“. Wodurch unterscheidet es sich von der neuen Zeichnung? Sprich mit deinem Partner.

Formuliere den ersten Absatz der Lektüre so um, dass er zu dem „neugeborenen“ Scrooge passt. Schreibe in dein Heft.

Ersetze dafür Nomen, Verben und Adjektive und lasse einzelne Wörter oder Satzteile weg.

Name:

lesen **schreiben** Spracharbeit sprechen malen/basteln

Der kleine Tim

Am Ende der Geschichte heißt es: „Und für den kleinen Tim, der nicht starb, wurde er wie ein zweiter Vater." (Seite 63/64)

Wie könnte sich Scrooges Verhalten als „zweiter Vater" zeigen? Wähle passende Aussagen aus und kreuze sie an.

Scrooge ...

- ☐ kauft neue Schienen und eine neue Krücke für Tim.
- ☐ und Tim machen eine Schneeballschlacht.
- ☐ erzählt Tim Geistergeschichten.
- ☐ lädt Tim zum Weihnachtsessen ein.
- ☐ schickt Tim auf Botengänge.
- ☐ zeigt Tim die Londoner Börse.
- ☐ nimmt Tim als Lehrling in seinem Geschäft auf.
- ☐ vererbt Tim sein Geschäft und sein ganzes Geld.

Stell dir vor, du wärst Tim. Schreibe einen Tagebucheintrag über ein besonderes Erlebnis mit Scrooge.

Das Theaterstück (1)

1. Bild: Scrooges Büro. Scrooge sitzt am Schreibtisch. Sein Neffe Fred tritt auf.

Fred *(heiter)* Fröhliche Weihnachten, Onkel!

Scrooge *(mürrisch)* Ach was, dummes Zeug!

Fred Seien Sie nicht böse! Kommen Sie morgen zum Weihnachtsessen zu uns!

Scrooge Feiere du Weihnachten nach deinem Geschmack und lass es mich nach meinem feiern. Guten Tag!

Fred geht ab.

2. Bild: Scrooges Büro. Scrooge steht vor Bobs Schreibtisch.

Scrooge Bestimmt wollen Sie morgen den ganzen Tag freihaben.

Bob *(leise)* Falls Sie nichts dagegen haben, Sir.

Scrooge *(streng)* Ich habe etwas dagegen. Schließlich bezahle ich Sie nicht fürs Faulenzen. Dafür kommen Sie aber übermorgen umso früher!

Bob und Scrooge gehen links und rechts von der Bühne ab.

3. Bild: Scrooges Wohnzimmer. Scrooge sitzt am Kamin. Eine Glocke beginnt leise zu läuten und wird immer lauter. Andere Glocken stimmen ein. Dann verstummen sie. Ein Rasseln und Poltern ertönt und wird immer lauter. Der Geist von Marley tritt auf.

Scrooge *(scharf und kalt)* Wer bist du?

Marley Siehst du das nicht? Ich bin der Geist deines verstorbenen Partners, Jacob Marley.

Scrooge *(unsicher)* Warum bist du gefesselt?

Marley Das ist die Strafe für meinen Geiz. Du hast noch die Chance, dich zu ändern und meinem Schicksal zu entgehen. *(nach einer kurzen Pause mit lauter, klarer Stimme)* Hör gut zu! Drei Geister werden dich besuchen: Der erste morgen Nacht um ein Uhr. Der zweite in der nächsten Nacht zur gleichen Zeit. Und der dritte in der übernächsten Nacht beim letzten Glockenschlag um zwölf. Denk an meine Worte!

Es rasselt und poltert wieder. Der Geist geht nach hinten ab.

Das Theaterstück (2)

4. Bild: Scrooges Schlafzimmer. Es ist dunkel. Scrooge liegt in seinem Bett. Die Glocke schlägt einmal. Es wird hell. Der Geist der vergangenen Weihnachten tritt auf.

Geist Ich bin der Geist der vergangenen Weihnachten. Ich möchte dir etwas zeigen. Steh auf und komm mit! *(fasst Scrooge am Arm)*

Scrooge *(ängstlich)* Ich kann nicht aus dem Fenster fliegen. Ich werde abstürzen!

Geist Lass dein Herz berühren. Dann wird dir nichts passieren.

Die beiden gehen nach hinten ab.

5. Bild: In der Dorfschule. Der Junge Scrooge sitzt auf einer Bank. Im Hintergrund stehen der alte Scrooge und der Geist der vergangenen Weihnachten. Scrooges Schwester tritt auf.

Schwester Lieber Bruder, komm mit mir nach Hause!

Scrooge *(ungläubig)* Nach Hause?

Schwester *(freudig)* Ja, nach Hause, und zwar für immer! Wir wollen das fröhlichste Weihnachtsfest der ganzen Welt feiern! *(nimmt ihren Bruder an der Hand)*

Der Junge Scrooge und seine Schwester gehen ab.

6. Bild: Bei den Fezziwigs. Mr Fezziwig sitzt am Schreibtisch. Im Hintergrund stehen der alte Scrooge und der Geist der vergangenen Weihnachten.

Fezziwig *(klatscht in die Hände)* Feierabend für heute. Ebenezer, Dick, kommt her! Schafft Platz, damit wir Weihnachten feiern können!

Der Lehrling Scrooge und Dick Wilkins treten auf und rücken die Möbel zur Seite. Weihnachtliche Musik ertönt. Einige Gäste kommen dazu und tanzen zur Musik.

7. Bild: Vornehmer Salon. Der Geschäftsmann Scrooge und eine junge Frau sitzen auf dem Sofa. Im Hintergrund stehen der alte Scrooge sowie der Geist der vergangenen Weihnachten.

Frau *(schluchzend)* Du denkst nur noch ans Geld. Du bist ein anderer Mensch als früher.

Scrooge Aber meine Gefühle für dich sind gleich geblieben.

Frau Uns verbindet nichts mehr. Deshalb ist es besser, wenn wir uns trennen. Ich wünsche dir ein glückliches Leben!

Die junge Frau geht weinend ab. Der alte Scrooge vergräbt traurig sein Gesicht in den Händen.

Das Theaterstück (3)

8. Bild: Scrooges Wohnzimmer. Es ist dunkel. Auf einem Essensberg sitzt der Geist der diesjährigen Weihnacht. Die Glocke schlägt einmal. Es wird hell. Scrooge tritt langsam auf.

Geist Komm nur näher! Ich bin der Geist der diesjährigen Weihnacht. Sieh mich an!

Scrooge Wenn du mich etwas lehren willst, bin ich bereit dazu.

Geist Dann berühre mein Gewand.

Das Licht der Fackel erlischt und es wird dunkel auf der Bühne.

9. Bild: In der Wohnung der Familie Cratchit. Die Familie sitzt um den Tisch herum. Im Hintergrund stehen Scrooge und der Geist der diesjährigen Weihnacht.

Mutter *(zerteilt die Gans)* Guten Appetit!

Entzücktes Gemurmel ertönt, gefolgt von lautem Schmatzen.

Bob Uns allen eine fröhliche Weihnacht, meine Lieben! Gott segne uns!

Tim Gott segne jeden von uns!

10. Bild: In der Wohnung der Familie von Fred. Fred, seine Frau und einige Gäste sitzen um den Tisch herum. Im Hintergrund stehen Scrooge und der Geist der diesjährigen Weihnacht.

Fred *(lacht)* Haha! Haha! Haha! Er sagt, Weihnachten sei dummes Zeug. Und das glaubt er auch!

Frau *(bitter)* Er muss sehr reich sein.

Fred Und was hat er davon? Er tut nichts Gutes mit seinem Geld.

Frau *(kalt)* Ich habe kein Mitleid mit ihm.

Fred Mir tut er leid. Wer leidet denn unter seiner schlechten Laune? Doch am meisten er selbst! *(nach einer kurzen Pause)* Aber ich gebe nicht auf. Ich werde ihm jedes Jahr wieder fröhliche Weihnachten wünschen und ihn zu uns einladen.

Das Theaterstück (4)

11. Bild: Auf der Straße. Die Glocke schlägt zwölfmal. Der Geist der zukünftigen Weihnacht tritt auf und geht langsam auf Scrooge zu. Scrooge fällt auf die Knie. Der Geist bleibt stehen und streckt seine Hand aus.

Scrooge Bist du der Geist der zukünftigen Weihnacht?

Schweigen.

Scrooge Geist der Zukunft, ich fürchte dich sehr. Aber ich weiß, auch du willst mir Gutes tun. Ich bin bereit, mit dir zu gehen. Führe mich!

Der Geist hüllt Scrooge in seinen Mantel und die beiden gehen zusammen ab.

12. Bild: In der Londoner Börse. Zwei Geschäftsmänner stehen zusammen und unterhalten sich. Scrooge und der Geist der zukünftigen Weihnacht treten auf.

1. Mann Wann ist er gestorben?

2. Mann Letzte Nacht, glaube ich.

1. Mann Was hat er denn mit seinem Geld gemacht?

2. Mann Mir hat der alte Geizhals es jedenfalls nicht vererbt. *(nach einer Pause)* Es wird wohl ein sehr billiges Begräbnis. Ich kenne auch niemanden, der hingeht.

13. Bild: Im Laden des alten Joe. Joe raucht Pfeife. Im Hintergrund stehen Scrooge und der Geist der zukünftigen Weihnacht. Gebeugt unter dem Gewicht ihrer Bündel treten kurz nacheinander auf: 1. Frau, 2. Frau, Mann.

1. Frau Sieh an, wir treffen uns alle hier, ohne dass wir uns verabredet haben.

Joe Ihr hättet euch an keinem besseren Ort treffen können. Was habt ihr mir mitgebracht?

Die drei Besucher ziehen Gegenstände aus ihren Bündeln, z.B. Stiefel und Teelöffel. Joe begutachtet alles und zählt jedem von ihnen einige Münzen in die Hände.

1. Frau Wem schadet es, dass wir ein paar Sachen mitgenommen haben? Dem alten Geizhals bestimmt nicht. *(kichert)* Er scheuchte alle davon, solange er lebte. Jetzt, da er tot ist, nützt er uns.

Scrooge *(mit zitternder Stimme an den Geist gewandt)* Ich verstehe. Das Schicksal dieses Mannes könnte mein eigenes sein. Es ist furchtbar, wenn jemand allein sterben muss und niemand um ihn trauert.

Das Theaterstück (5)

14. Bild: In der Wohnung der Familie Cratchit. Die Mutter und die Kinder sitzen am Kamin. Man hört das Klappern von Stricknadeln und von Zeit zu Zeit leises Schluchzen. Im Hintergrund stehen Scrooge und der Geist der zukünftigen Weihnacht.

Mutter *(legt die Stricknadeln weg und wischt sich über die Augen)* Ich möchte nicht weinen, wenn euer Vater heimkommt.

Peter Er müsste schon hier sein. Ohne Tim auf den Schultern geht er langsamer als früher.

Mutter Ja, er liebte ihn sehr und das Tragen machte ihm keine Mühe.

Bob Cratchit tritt auf. Er setzt sich an den Tisch und trinkt Tee. Die ganze Familie versammelt sich um ihn. Sie umarmen einander. Es ertönen wieder vereinzelte leise Schluchzer, die immer lauter und häufiger werden.

Scrooge *(zum Geist)* Wer war der Tote, von dem die Leute beim alten Joe und in der Börse geredet haben?

Schweigen. Scrooge und der Geist gehen zusammen ab.

15. Bild: Auf dem Friedhof. Scrooge und der Geist der zukünftigen Weihnacht stehen in einiger Entfernung zu einem großen Grabstein. Der Geist zeigt mit ausgestreckter Hand darauf. Scrooge nähert sich langsam dem Grabstein, wobei er am ganzen Körper zittert. Ein Licht leuchtet auf und erhellt den Schriftzug auf dem Grabstein: EBENEZER SCROOGE.

Scrooge Oh nein, ich bin der Tote, von dem die Leute geredet haben! Hilf mir, Geist! Sag mir, dass ich mein Schicksal noch ändern kann, wenn ich mein Leben ändere!

Die Hand des Geistes zittert.

Scrooge Ich will von nun an Weihnachten so feiern, wie es gefeiert werden soll. Ich will den Armen helfen – und das nicht nur an Weihnachten, sondern das ganze Jahr! Was ihr Geister mich gelehrt habt, werde ich nie vergessen!

Scrooge greift nach der Hand des Geistes. Der Geist weicht zurück. Es wird dunkel, kurz darauf wieder hell. Scrooge sitzt in seinem Bett und umklammert einen Bettpfosten.

Das Theaterstück (6)

16. Bild: Scrooges Schlafzimmer. Scrooge wacht auf, streckt sich und gähnt.

Scrooge *(schaut sich verwundert um)* Ich weiß nicht, was heute für ein Tag ist. Ich weiß nicht, wie lange ich bei den Geistern war. Gar nichts weiß ich. Ich bin wie ein neugeborenes Kind. Hallo! Hussa! Hallo!

Kirchenglocken läuten. Scrooge läuft zum Fenster und streckt den Kopf hinaus. Ein Junge tritt auf.

Scrooge Was ist denn heute für ein Tag?

Junge Natürlich Weihnachten!

Scrooge *(zu sich)* Ich habe es also nicht versäumt. *(zu dem Jungen)* Hallo, kennst du den Geflügelhändler um die Ecke?

Junge Ja klar!

Scrooge Kluger Bursche! Dann lauf schnell hin und kaufe dort den größten Truthahn für mich. Dafür bekommst du eine halbe Krone!

Junge geht schnell ab.

Scrooge *(zu sich)* Ich werde den Truthahn Bob Cratchit schicken.

17. Bild: Vor Freds Wohnung. Scrooge klopft an die Tür.

Scrooge Fred! Dein Onkel ist da! Darf ich reinkommen? Ich würde gern mit euch zu Abend essen.

Fred öffnet die Wohnungstür, begrüßt Scrooge herzlich und bittet ihn herein.

18. Bild: Scrooges Büro. Scrooge sitzt am Schreibtisch. Bob tritt auf.

Scrooge Heda! Was fällt Ihnen ein, so spät zu kommen!

Bob Es tut mir leid, Sir. Es wird nicht wieder vorkommen, Sir.

Scrooge *(streng)* So kann es nicht weitergehen, Freundchen! *(springt auf und gibt Bob einen Stoß vor die Brust)* Und deshalb werde ich ... Ihr Gehalt erhöhen! *(freundlich)* Ich werde Ihr Gehalt erhöhen und Ihre Familie unterstützen. Schüren Sie das Feuer, damit es hier ordentlich warm wird! Fröhliche Weihnachten, Bob!

Weihnachtliche Musik ertönt. Der Vorhang schließt sich.

